FRANZ KETT / KLAUS GRÄSKE

Gott befreit durch Jesus Christus

Teil 1

Kindergottesdienste

D1996496

DON BOSCO VERLAG · MÜNCHEN

Mitglied der Verlagsgruppe „engagement“

2. Auflage 1987 / ISBN 3-7698-0464-3
© by Don Bosco Verlag, München
Grafiken: Monika Molner, Karlsfeld
Notengrafiken: Michael Hartmann, Bad Hersfeld
Umschlaggestaltung: Christoph Albrecht, Rotthalmünster
Gesamtherstellung: Druckerei Manz AG, Dillingen/Do.

DBV

Inhalt

Verzeichnis der Liedanfänge 6
Signaturen und Abkürzungen 7
Einleitung 9
Hinweise zu den Gottesdienstmodellen 11

I. Licht vom Licht 13

Licht werden in der Finsternis (Eine Wintergeschichte) 13
Erfüllt werden (Die Verkündigungsgeschichte) 23
Sich begegnen (Maria geht zu Elisabeth) 28
Auf der Suche sein (Herbergssuche) 33
Kind werden (Geburt Jesu) 39
Dem Stern folgen (Die drei Weisen) 47
Leben in der Hand halten (Der greise Simeon) 54

II. Ein-leuchtendes Leben 61

In Jesus die Mitte suchen und finden 61
Sich des Auftrags bewußt werden (Taufe Jesu) 69
Sich für Gott entscheiden (Versuchungsgeschichte) 77
In Gott sein und aus ihm leben (Vater unser) 83

III. Leben aus Jesu Wort 88

Aufgehoben werden (Der barmherzige Samariter) 88
Getragen sein (Der gute Hirte) 96
Nach Hause finden (Der barmherzige Vater) 101
Leben im Kleinen finden (Das Senfkorn) 105
Kostbares ent-decken (Der Schatz im Acker) 111
Klug sein (Die Klugen und die Törichten) 116
Eingeladen werden (Himmlisches Gastmahl) 122

Verzeichnis der Lieder

Alleluja, alleluja 124
Als Simeon, der alte Mann 58
Als unser Herr Jesus auf Erden lebte 80
Ausgang und Eingang 129
Bist du allein 89
Danket dem Herrn 97
Der helle Tag bricht an 55
Der Herr ist mein Hirte 101
Der Herr segne und behüte dich 95
Der Herr wird sein Volk segnen 60
Ehre sei Gott in der Höhe 47
Ein Bote kommt 27
Ein kleines Schaf 99
Erde, kleines Schaukelschiff 62
Erd und Himmel klinge 111
Es fand eine Perle 115
Finstre Nacht 44
Führe mich, o Herr 29
Führe uns den Weg zum Leben 77
Geht zu den Ställen heute Nacht 40
Herr, erbarm 35, 55
Herr, laß auf Erden 33
Herr, schick uns Frieden 34
Herr, unser Gott 76
Herr, unser Herrscher 129
Ich singe dir 22
In Gnaden uns behüte 87
Jesus ist geboren 46
Klirrend und frostig 16
Kyrie eleison 30
Laßt uns erheben Herz und Stimm 28
Lobt den Herrn auf Straßen und Plätzen 68
Maria geht übers Gebirg 32
Maria und Josef 37
Meine Seele erhebt den Herren 23
Nun sei uns willkommen 54
Sende dein Licht 38
Singt dem Herren, singet ihm 123
Singt dem Herrn 70
Sonnen und Monde 67
Vater unser im Himmel 83
Von dir, o Herr 106
Wärme kann man teilen 20
Was ist das für ein Stern 17, 51
Wasserquell, Wasserquell 72
Weg, den ein Stern erhellt 48
Weißt du, wo der Himmel ist 112
Wer Brot hat 125
Wer ist denn dabei 121
Zeige, Herr, uns dein Erbarmen 117

Signaturen und Abkürzungen

⊥	=	Becken
	=	mit dem Becken klirren
	=	Rand des Beckens umfahren
	=	Cymbeln
	=	Finger-Cymbeln
	=	Trommel, Handtrommel, Tamburin, Pauke . . .
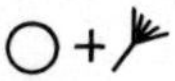	=	Trommel: mit Stahlfächerbesen
	=	Holzblocktrommel
	=	Holzröhrentrommel
	=	Rahmenschellentrommel
	=	Schellenband
	=	Schellenkranz
//	=	Schlagstäbe
	=	Triangel
SG	=	Sopran-Glockenspiel
AG	=	Alt-Glockenspiel
SM	=	Sopran-Metallophon
AX	=	Alt-Xylophon
BX	=	Baß-Xylophon
Flö	=	Flöte
↗	=	Glissando aufwärts
↙	=	Glissando abwärts
<	=	crescendo
>	=	decrescendo
impr.	=	improvisieren
ostin.	=	ostinato
pent.	=	pentatonisch
A	=	Alle
GL	=	Gotteslob
K	=	Kind

KL	=	Katecheseleiter
L	=	Lehrkraft
P	=	Priester
S	=	Schüler
V	=	Vorbeter/Vorsänger

Die Hinweise zur musikalischen Begleitung verstehen sich als Anregung zur freien Gestaltung und können nach Belieben erweitert, verkürzt oder geändert werden. Wichtig ist, daß die Musik während der Erzählungen der Vertiefung des Textes dient und daher sparsam eingesetzt werden soll.

Einleitung

Theologische Grundlagen

In einer Zeit, in der das Wissen um den Menschen und seine Welt in den geistigen, seelischen und materiellen Bezügen immer detaillierter, aber auch zusammenhangloser wird, ist eine Gesamtsicht des Menschen und der Welt zur Orientierung in allen Lebensbereichen äußerst bedroht. Das hat zur Folge, daß das Leben immer mehr in Einzelbezüge und -funktionen aufgelöst und so belassen wird, was schließlich das Gesamtgefüge des Lebens stört oder gar zer-stört. Sowohl in großen gesellschaftlichen Dimensionen als auch im Leben jedes einzelnen Menschen wird das spürbar in Umweltzerstörung, in innerer oder äußerer Krankheit.

Eine Gesamtschau des Lebens wäre not-wendig. Eine solche Schau müßte das Ziel haben, Welt und Mensch in allen Lebensbereichen in sinn-volle Beziehungen zu führen, um so Beziehungslosigkeit in klärendes Miteinander, verhängnisvolle Verstrickung in er-lösendes und er-löstes Dasein und trennende Widersprüchlichkeiten in ergänzende Zusammengehörigkeit zu führen.

Eine solche Schau ist uns bereits in einzigartiger Weise in der Person und Lehre Jesu Christi gegeben. Alles Fragen und Suchen des Menschen findet in ihm leitbildhaft die tragende Antwort. Wer sich mit Jesu Person und Lehre in rechter Weise in Beziehung setzt, dem kann in ganz neuer Art die Transzendenz des Lebens im wahrsten Sinne des Wortes be-greif-lich werden. Menschliches Leben ist auf die Fähigkeit angelegt, über sich hinauswachsen zu können. Wo diese Fähigkeit fehlt oder sich nicht entfalten kann, werden Störungen in Umwelt und Persönlichkeit auf diesen Mangel aufmerksam machen.

Alle Begegnungen mit Jesus und seiner Lehre wollen Impuls sein, Lebenserfahrungen existentiell zu deuten, einzuordnen, differenziert zu gestalten und auf letzte Sinnzusammenhänge auszurichten. Gerade unseren Kindern und Jugendlichen werden aus immer größerer Verständnislosigkeit der Umwelt gegenüber und aus realitätsfremder Idealisierung Jesu Christi die philosophischen, erzieherischen, ärztlichen und religiösen Dimensionen seiner Person und Lehre verstellt.

Unsere Auf-gabe ist es, diese Dimensionen wieder freizulegen und in einen Gesamtzusammenhang zu führen. Aus diesem Grund müssen Philosophie, Pädagogik, Medizin und Theologie in einen ernst zu nehmenden Dialog eintreten zum Wohl des Menschen und der Welt. Jesus Christus selbst hat in seiner Person diesen Dialog zur Einheit geführt: Er war als Mensch den Menschen der, der in der Sinnlosigkeit von Tod und Leben end-gültigen Sinn aufscheinen ließ, der als Lehrer zur Ruhe und Geborgenheit in die Liebe Gottes führte, der als Arzt Menschen aus Verstrickung und Krankheit holte und der als opfernder Hoherpriester und als Opfer zugleich die Brücke zum letzten Sinngrund des Lebens, zu Gott, schlug.

Ihn erkennend, entsteht dem Menschen eine Mitte. Jesus Christus wird Ver-mitt-ler für einen tragenden Sinngrund in unserem Leben; er wird Lehrer, dessen Erziehungsziel nicht nur die Wissensvermittlung, sondern vitalitätsschaffende Ruhe und Geborgenheit in Gott ist; er wird Arzt, der uns immer wieder herausruft aus krankmachenden Fixierungen und hineinführt in neue Möglichkeiten der Lebensbewältigung aus dem Vertrauen auf Gott; er wird Priester, der das Opfer nicht scheut, um uns die letzte Zugehörigkeit zu Gott zu eröffnen.
In seiner Nachfolge fordert er zu unserem und unserer Kinder Wohl den Dialog mit einem Gott, der wie ein Vater beständig Leben in der Welt schafft und erhält, mit einem Gott, der sorgend und liebevoll sich um den Menschen kümmert, mit einem Gott, der immer wieder neu dem Menschen eine Chance gibt zum freiheitlichen Gestalten seines Lebens, und mit einem Gott, der in der Kirche ein Zeichen der Gemeinschaft aller Menschen setzen will.

Entstehung und Voraussetzung

Die hier vorliegenden Gottesdienstmodelle sind als Feiern aus solch einer ganzheitlichen Sicht der Welt und des Kindes in Kindergarten, Schule und Gemeinde entstanden. Auf vielen Schulungen, über die Grenzen der Diözesen hinaus, mit Erzieherinnen und Erziehern, Lehrern, Gottesdienstleitern, Priestern und Ordensleuten, mit vielen Eltern, Gemeindegruppen u. a. erfuhren diese Modelle Vertiefung und Anregung. Die Modelle gehen vom Kind aus und versuchen auf der Handlungsebene das Kind in seinen existentiellen Erfahrungen anzusprechen.
Ausgangspunkt hierfür wird immer eine Gemeinschaft, eine Gemeinde, sein, in der, wenigstens in einigen Gruppen, eine echte Vertrauensbasis geschaffen werden kann, in der offene und ehrliche Auseinandersetzung möglich ist. Ein Hauptaugenmerk wird dabei stets darauf zu richten sein, *wie* wir, die Erwachsenen, aber auch die Kinder, miteinander und mit unserer Welt umgehen. Wenn dies mit gegenseitiger Achtung geschieht, öffnen wir damit den Kindern einen Weg zu fruchtbarer Entfaltung des Glaubens an einen Gott, der ständig Leben schafft und erhält.
Eine weitere wichtige Voraussetzung zum religiösen Feiern sollte unter unseren Kindern wachsen: Die Kinder sollen sich in der Kirche, im „Haus ihres Vaters“, wohl fühlen können. Das können sie dann, wenn sie sich angenommen fühlen, so wie sie sind. Gerade das Klima des Angenommenseins und ehrlicher Auseinandersetzung zeigt dem Kind den Weg zu einem Gott, der sich sorgt und der jeden ernst nimmt.
Ein drittes soll das Kind in vielen Identifikationsmöglichkeiten mit biblischen Inhalten er-leben: Ich, so wie ich bin, brauche nicht zu resignieren. Ich habe letztlich eine Zukunft; denn es gibt Jesus Christus und es gibt Menschen in seiner Nachfolge, die Grund geben zur Hoffnung.
Kinder, Jugendliche und Erwachsene, die auf einer Basis des Vertrauens liebende und liebenswerte Menschen finden, werden fähig, einen tragenden

Gemeinschaftssinn aufzubauen für die Gemeinschaft derer, in deren Mitte Jesu Person und Lehre lebendig ist, für die Kirche.

Zuspruch

Schwierigkeiten, mit denen Kinder, Jugendliche und auch Erwachsene auf bisher übliche liturgische Formen reagieren, sind eigentlich Signale, daß so manche lebenswichtige Grunderfahrung im Leben oder in der Situation dieser Menschen nicht geglückt ist. Viele Kinder kommen schon mit Unverständnis oder Ablehnung den liturgischen Formen gegenüber zum Gottesdienst. Diese Haltung hat viele Kinder schon lange Jahre vorher im Elternhaus oder sonstiger Umgebung geprägt. Hier gilt es, schulisch und von der Gemeinde her auf der Basis der vorher besprochenen Voraussetzungen Möglichkeiten zu geben, Affekte zu äußern. Regen oder ein Gewitter reinigen bekanntlich die Luft. Warum sollte das in klärenden Auseinandersetzungen nicht ebenso möglich sein?

Diese Arbeit ist nicht leicht. Sie hat mit Widerständen zu rechnen bei Kindern, Eltern, in der Gemeinde. Solche Widerstände wollen ernstgenommen werden, denn sie kommen von Menschen mit Fleisch und Blut, die denken, fühlen und handeln wollen so wie jeder von uns. Das ist nicht immer leicht, kostet Kraft und Mut. Diese Arbeit birgt aber auch in sich die Möglichkeit, in „sauberer Luft“ den alten, kostbaren Wein der Frohen Botschaft neu zu kosten und ihn wirksam werden zu lassen für das Fest des Lebens.

Daß dies gelingen kann, haben uns die vielen Erfahrungen der letzten Jahre mit Kindern und Jugendlichen gezeigt. Daß dies gelingen möge, sei der Wunsch, den wir Ihnen zu diesem Buch mitgeben möchten.

Wir dürfen an dieser Stelle allen Kindern, Jugendlichen und Erwachsenen danken, die an der Gestaltung der dargebotenen Gottesdienste mitwirkten oder einfach durch ihr Dasein und Betroffensein uns in unserer Methode bestärkten. Ganz besonderer Dank gebührt darüber hinaus Schwester Esther Kaufmann und Herrn Oskar Randak, die mit ihrem wegweisenden Rat die Grundkonzeption des Buches entscheidend mitprägten.

Hinweise zu den Gottesdienstmodellen

Die vorliegenden Modelle sind als Anregungen zu Gottesdienstfeiern mit Kindern im Alter von etwa sechs bis zwölf Jahren und ihren Eltern gedacht. Diese Feiern werden eingeleitet durch das Üben der Lieder mit der ganzen Gemeinde. Das gemeinsame Singen stimmt ein und öffnet. Das Kanonsingen sammelt die Kinder. Einsingen ist also nicht nur lästiges Anhängsel, sondern hilfreicher Bestandteil der Feier.

Aufbau der Gottesdienstmodelle

Thema
Das Thema gibt in knapper Form eine innere Haltung wieder, die die biblische Geschichte auslösen möchte.

Zielvorstellung
Die Zielvorstellung zeigt kurz die religionspädagogische Richtung des Gottesdienstes auf.

Vorüberlegung
Die Vorüberlegung soll den an der Vorbereitung Beteiligten Impulse zum Nachdenken über die Situation der Kinder in Beziehung zur jeweiligen Textstelle aus der Hl. Schrift geben.

Vorbereitung
Sie zeigt die notwendige Anzahl vorbereitender Kinder, evtl. zu vergebende Rollen, benötigtes Material und, in Zeichen, erwünschte Instrumente.

Eröffnungslied

Themenverweis
Gibt den Zelebranten Impulse der Hinführung zum Thema.

Besinnung
Anstöße zur inneren Sammlung.

Gebet
Bringt das thematische Anliegen des Gottesdienstes vor Gott.

Katechese
Versucht in ganzheitlicher Form die biblische Thematik erfahrbar zu machen.

Fürbittgebet
Gibt Anstöße, aller vor Gott zu gedenken, die unseres Gedenkens bedürfen im Zusammenhang dieses speziellen Gottesdienstes.

Meditation
Will die erfahrenen Inhalte vertiefen.

Schlußgebet
Versucht alle in der Feier gemachten Erfahrungen vor Gott zu tragen und sie auf das konkrete Leben auszurichten.

Schlußlied

I. Licht vom Licht

Viele Menschen freuen sich, wenn am Morgen nicht dunkle Regenwolken den Himmel bedecken, sondern strahlender Sonnenschein alles erhellt. Blumen öffnen sich, Vögel kommen aus ihren Nestern, Menschen machen ihre Türen, Fenster und Herzen auf und kommen heraus.
Das Licht – eine Kraft, die Leben werden läßt, gleichsam zeugt wie ein Vater, hier unten auf der Erde. Das Licht – eine Kraft, die aber auch zer-stören kann in der sengenden Glut der Hitze.
Das Licht – eine Macht von oben, die auch in unserer Sprache lebendig wird. Wer kennt nicht die sich erhitzenden Gemüter, die sich aufhellenden, leuchtenden oder feurigen Augen, die anfeuernden, feurigen oder zündenden Worte. Licht – eine Macht, die auch in unserem Geist lebendig wird.
Licht – Sonne – Feuer: Kraft unten und oben.
Jesus Christus zwischen unten und oben, zwischen den Menschen und Gott, zwischen Ich und Du. Er: in der Mitte – das Leben – *der* Mensch.
Unsere Kinder und wir selbst – zwischen unten und oben, im Wachsen, im Werden zwischen Ich und Du, auf eine Mitte zu: das Leben – *das* Mensch-Sein – Licht vom Licht.

Licht werden in der Finsternis (Eine Wintergeschichte)

Zielvorstellung

Eine gespielte Wintererzählung möchte den Kindern deutlich machen, daß Gottes Licht in dieser Welt nur sichtbar wird, wenn jeder dafür das Seinige tut.

Vorüberlegung

Schauplatz der Geschichte ist der Winter; nicht der fröhliche mit Schneebällen, Schlitten- und Skifahren, sondern der Winter, der Not bringt und Kälte, der zudeckt und gefrieren läßt.
Wie oft sind unsere Kinder in ihrer Umwelt Kälte und Verhärtung ausgesetzt! Wie oft aber verbergen sie auch selbst ihr Innerstes, haben es schwer im Kontakt mit anderen, weil es ihre Auf-gabe ist, ein eigenständiges Menschen-Kind zu werden.

Dazugehören – bietet die Kirche als Gemeinschaft der Glaubenden den Kindern diese Chance? Nimmt sie die Kinder ernst in ihrem Fragen und Suchen? Hilft sie ihnen zur Eigenständigkeit, dazu, als Mensch aus Gott neu geboren zu werden?

Vorbereitung

Kinder studieren das Spiel, nach einem Text von Max Bolliger, ohne mühsames Einlernen von Textrollen ein. Wir benötigen einen Sprecher, der die Geschichte erzählt, einen Mann und einen Jungen (Hauptrollen), eine Gruppe von drei bis fünf Kindern mit gelben und blauen Rhythmiktüchern, die das Haus darstellen; eine Gruppe von drei bis fünf Kindern mit roten Rhythmiktüchern für den Stall; eine weitere Gruppe von drei bis fünf Kindern mit gelben Rhythmiktüchern für einen Stern und zwei bis drei Kinder mit weißen Rhythmiktüchern für Frost, Kälte, Schneesturm. Tiere werden durch akustische Zeichen mit Orffinstrumenten dargestellt.

Instrumente:  SG AG AX Flöte.

Als Spielfeld bietet sich der Altarraum an. Die Spieler bleiben unkostümiert, ausgenommen der Junge, der einen Wollrock trägt und in seinen Händen Stock und Laterne hält.
In die Erzählung sind Lieder eingefügt. Ihr Kehrvers sollte mit den übrigen Gottesdienstliedern vor Beginn der Feier mit den Anwesenden eingeübt werden.
Beim Eintritt in die dunkle Kirche kann jedes Kind eine brennende Kerze oder ein Teelicht erhalten. Es darf sein Licht in den Altarraum tragen und dort auf einem der bereitgestellten Tische abstellen. Die Tische tragen mit Silberfolie bedeckte Backsteine. Sie bieten damit verschiedene Abstufungen; die Kerzen stehen also verschieden hoch.
Durch dieses Tun werden die Kinder mit der Thematik des Gottesdienstes erlebnishaft vertraut gemacht – die Dunkelheit des Raumes wird immer mehr erhellt.

Eröffnungslied: Mache dich auf und werde Licht

(Gott birgt das Heil, S. 148)

Themenverweis

P begrüßt Kinder und Erwachsene. Er verweist auf die Lichter in der dunklen Kirche. Er fordert die Gemeinde zum Bußakt auf.

Gebet

Gott, du bist da. In die Dunkelheit schickst du dein Licht, damit es hell wird und freundlich auf dieser Erde. Du sendest dein Licht durch Menschen, die deinen Willen erfüllen. Laß uns deinen Willen erkennen und tun durch deinen Sohn . . . Amen!

Katechese

A. EINE WINTERGESCHICHTE

KL führt in die Geschichte ein:
Die Geschichte, die wir jetzt schauen und hören, ist die Geschichte vom Armen und Reichen, eine Geschichte, die auch in unserer Zeit spielen könnte.

TEXT	SPIELANLEITUNG	MUSIK
Sprecher: Es war einmal ein Mann.	Spieler, evtl. Erwachsener, der den Mann spielt, wird vorgestellt.	AX
Er besaß ein Haus, einen Ochsen, eine Kuh, einen Esel und eine Schafherde.	Das Haus wird von einer Gruppe von Kindern mit gelben und blauen Rhythmiktüchern dargestellt.	  // 
Der Junge, der die Schafe hütete, besaß einen kleinen Hund, einen Rock aus Wolle, einen Hirtenstab und eine Hirtenlampe.	Der Junge wird vorgestellt.	AG
Auf der Erde lag Schnee. Es war kalt. Auch der Rock aus Wolle schützte ihn nicht.	Eine Gruppe Kinder spielt mit den Händen Schnee – Kälte – Erstarren.	
Junge: Kann ich mich in deinem Haus wärmen?	Der Junge klopft an.	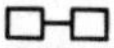
Mann: Ich kann die Wärme nicht teilen. Das Holz ist teuer.	Der Mann öffnet die Tür und schlägt sie wieder zu.	
Sprecher: Der Mann ließ den Jungen in der Kälte stehen.	Die Gruppe, die das Haus darstellt, läßt die gelben Tücher fallen; blaue werden sichtbar.	

Klirrend und frostig

T. u. M.: Erzieherinnen des Kindergartens Krailling

2. Verschlossen die Türe,
ein Riegel davor.
Es öffnet ihm keiner
Türe und Tor.

3. Der Mann, der sitzt drinnen,
ganz warm ist's im Haus.
Er teilt nicht die Wärme,
schließt alle aus.

TEXT	SPIELANLEITUNG	MUSIK
Sprecher: Da sah der Junge einen großen Stern am Himmel.	Kinder spielen mit gelben Tüchern einen Stern, der langsam aufgeht.	SG ⧖ ⊥
Junge: Was ist das für ein Stern?		

Was ist das für ein Stern?

T. u. M.: Erzieherinnen des Kindergartens Krailling

2. Er geht ihm nach. Er folgt dem Schein.
Er fühlt, ein Wunder ist geschehn.
Und deshalb muß er weitergehn,
und deshalb muß er weitergehn.

TEXT	SPIELANLEITUNG	MUSIK
Sprecher: Er nahm seinen Hirtenstab und seine Hirtenlampe und machte sich auf den Weg.	Der Stern wandert auf den Stall zu. Der Junge folgt langsam dem Stern.	SG
Ohne den Jungen bleibe ich nicht hier, sagte der kleine Hund und folgte seinen Spuren.	Werden die Tiere durch Kinder dargestellt, so gehen nun einzelne Kinder, auf den jeweiligen Klanginstrumenten spielend, dem Jungen nach.	
Ohne den Hund bleiben wir nicht hier, sagten die Schafe und folgten seinen Spuren.		
Ohne die Schafe bleibe ich nicht hier, sagte der Esel und folgte ihren Spuren.		//
Ohne den Esel bleibe ich nicht hier, sagte die Kuh und folgte seinen Spuren.		
Ohne die Kuh bleibe ich nicht hier, sagte der Ochse und folgte ihren Spuren.	Das Klopfen auf den Instrumenten wird immer leiser und hört nacheinander auf.	
Sprecher: Es ist auf einmal so still, dachte der Mann, der hinter seinem Ofen saß. Er rief nach dem Jungen, aber er bekam keine Antwort. Er ging in den Stall, aber der Stall war leer. Er schaute in den Hof hinaus, aber die Schafe waren nicht mehr da.	Der Mann spielt die Ratlosigkeit, die Angst, das Suchen und Schauen, Wut, Empörung, Habgier.	
Mann: Der Junge ist geflohen; er hat alle meine Tiere gestohlen.		
Sprecher: Doch kaum hatte der Mann die Verfolgung aufgenommen, fing es an zu schneien. Es schneite dicke Flocken. Sie deckten die Spuren zu.	Kindergruppe spielt evtl. mit den Händen Schneeflocken.	
Dann erhob sich ein Sturm, kroch dem Mann unter die Kleider und biß ihn in die Haut. Bald wußte er nicht mehr, wohin er sich wenden sollte. Der Mann versank immer tiefer in den Schnee.	Kindergruppe spielt evtl. mit weißen Tüchern Wind – Sturm – Wirbelsturm, der den Mann einkreist.	<
Mann: Ich kann nicht mehr. Hilfe!	Der Mann fällt zu Boden.	
Sprecher: Da legte sich der Sturm. Es hörte auf zu schneien.	Der Sturm hört langsam auf. Es wird still.	>
Der Mann sah einen großen Stern am Himmel.	Kindergruppe spielt hinter dem Stall nochmals den aufgehenden Stern.	

Mann: Was ist das für ein Stern?	Refrain: Was ist das für ein Stern? wird wiederholt.	
Sprecher: Der Mann geht dem Stern nach.	Spieler geht auf den Stall zu, über dem der Stern steht.	AX
Der Stern stand über einem Stall mitten auf dem Feld. Durch das kleine Fenster drang das Licht einer Hirtenlampe.	Der Stall wird von einer Gruppe Kinder mit roten Rhythmiktüchern dargestellt.	
Der Mann ging darauf zu. Als er die Tür öffnete, fand er alle, die er gesucht hatte: die Schafe, den Esel, die Kuh, den Ochsen, den Hund und den kleinen Jungen.	Der Mann tritt in den Stall ein.	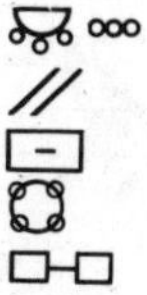 AG
Sie waren um ein Licht versammelt. Das Licht schenkte Wärme. Das Licht machte hell. Der Mann wußte: Ich bin gerettet.		
Er kniete neben dem Jungen vor dem Licht nieder.	Der Mann kniet sich neben den Jungen.	Flö L/S
Sprecher: Am anderen Morgen kehrten der Mann, der Junge, die Schafe, der Esel, die Kuh, der Ochse und auch der kleine Hund wieder nach Hause zurück.	Spieler verlassen den Stall und gehen zum Haus. Der Junge führt den Mann.	AX AG 
Auf der Erde lag Schnee. Es war kalt.	Kinder spielen Schneeflocken – Kälte – Erstarren.	
Mann: Komm ins Haus. Ich habe Holz genug. Wir wollen die Wärme teilen.	Der Junge wird ins Haus geholt. Die gelben Tücher werden wieder aufgenommen.	

Wärme kann man teilen

T. u. M.: Erzieherinnen des Kindergartens Krailling

2. Wärme kann man teilen,
sieht sie aber nicht.
Wärme, das ist Leben –
Wärme, das ist Licht.

3. Wärme kann man schenken.
Teilt die Wärme aus!
Wo wir Wärme schenken,
dort sind wir zu Haus.

B. DIE FROHE BOTSCHAFT

P kann in wenigen Sätzen die Geschichte deuten. Er wird dabei den Stern, das Licht im Spiel als Licht, das Jesus Christus für uns ist, deuten.
Weiter führt er dann zum Evangeliumsbericht nach Joh 1, 1–1, 18:

Der Junge wurde abgewiesen, hinaus in die Kälte, in die Dunkelheit – Finsternis, dorthin, wo man ganz allein ist.
Doch da ging ein Stern auf. Er zeigte dem Jungen einen Weg. Er führte den Jungen zu einem Ort, wo es gut ist und warm; wo Menschen miteinander leben und sich freuen können; wo nicht Finsternis, sondern helles Licht ist.
Wer führt uns den Weg zu diesem Ort? Wer ist uns ein Licht im Dunkeln?

Ich lese aus dem, was der Evangelist Johannes aufgeschrieben hat:

Von Anfang an war ER bei Gott.
Alles ist durch IHN geworden.

Allen Menschen hat ER das Leben geschenkt,
und für die Menschen war ER das LICHT.
Das LICHT strahlt im Finstern.
Die Finsternis hat das LICHT nicht auslöschen können.
Gott schickt einen Mann mit Namen Johannes.
Er sollte die Menschen auf das LICHT hinweisen,
damit sie erkennen – annehmen – lieben,
das wahre LICHT,
das JESUS CHRISTUS heißt.

Als kleines Kind wurde Jesus geboren.
ER ist in die Welt gekommen
als LICHT für alle Menschen.
ER kam zu den Menschen in ihre Finsternis.
Aber sie haben IHN abgewiesen.
Manche aber haben IHN aufgenommen.
Sie vertrauen auf IHN.
Sie glauben an IHN.
Und ihnen gab ER das Recht,
Kinder Gottes zu werden.

Meditation

Zu einem Flöten- oder Orgelstück wird die Osterkerze in Prozession zum „Stall“ getragen. Dann folgt das

Bekenntnis

P: Wir haben die Osterkerze entzündet, das Zeichen für unseren Herrn Jesus Christus, der geboren wurde und gelebt hat wie ein Mensch unter Menschen; der gestorben ist, begraben wurde und aus dem Grab erstand am dritten Tag; der aufgefahren ist in den Himmel und von dort herrscht über alle Welt.
Von ihm bekennen wir:

K_1: Herr Jesus Christus: Du bist für uns das Licht in der Finsternis. Ein Licht, das uns leuchtet, wenn wir den Weg verloren haben.

V/A: Jesus Christus, Sohn Gottes, wir glauben an dich.

K_2: Herr Jesus Christus: Du bist der Weg, der Ausweg, der uns rettet, wenn alles ausweglos scheint.

V/A: Jesus Christus, Sohn Gottes, wir glauben an dich.

K_3: Herr Jesus Christus: Alle Schöpfung, auch mein Leben, findet in dir Sinn und Ziel.

V/A: Jesus Christus, Sohn Gottes, wir glauben an dich.

P: Herr, unser Gott! Wir danken dir für Jesus Christus, deinen Sohn. Er kann unser Leben und unsere Welt neu machen, wenn wir seine Worte und Taten unter uns lebendig werden lassen heute und für alle Zeit. Amen.

Schlußlied: Ich singe dir

T.: Paul Gerhardt 1653. M.: Herbert Beuerle 1963 und Ostinati ad lib.

© Burckhardthaus-Laetare Verlag, Gelnhausen

Auch ein Tanz kann den Gottesdienst abschließen:
Idee: Sr. Imelda Huf, Musik: langsamer Satz eines Vivaldi- oder Telemannkonzertes für Gitarre, Flöte oder Trompete.

1. Figur: Kinder stellen sich mit ihren Stablaternen zum Kreis auf; je zwei gegenüberstehende Kinder korrespondieren. Ein Kind führt. Langsame, frei erfundene Bewegungen zur Musik.

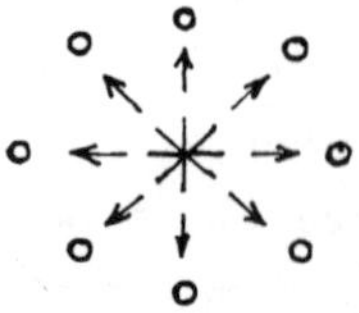

2. Figur: wie 1., Führungswechsel

heben – senken

drehen

3. Figur: Kinder bilden Paare im Kreis; jeweils ein Paar korrespondiert untereinander. Ein Kind führt.

4. Figur: wie 3., Führungswechsel

aufeinander zugehen

nach oben, zur anderen Hand geben

5. Figur: Ein Kind übernimmt die Führung für den gesamten Kreis.

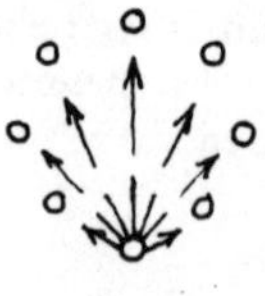

Erfüllt werden (Die Verkündigungsgeschichte)

Zielvorstellung

Das Spiel der Verkündigungsgeschichte will die Sensibilität der Kinder anregen, offen zu werden auch für das Unerwartete im Leben – auch für Gott.

Vorüberlegung

Maria ist solch ein Mensch, der offen sein kann für das Unerwartete im Leben – auch für Gott.
Wie vollgestopft sind unsere Kinder manchmal mit Wissen und materiellem Wohlstand, doch wissen sie oft nicht, was sie damit anfangen sollen. Wer hilft ihnen zu beurteilen, was im Leben richtig und wichtig ist? Wer hilft ihnen, sich von ihren tiefsten Wünschen und Sehnsüchten berühren zu lassen und anzupacken, was not-wendig ist? Wer hilft ihnen, sich er-füllen zu lassen mit neuem Leben?

Vorbereitung

Eine Gruppe von etwa zehn Kindern bereitet das Spiel vor. Wir benötigen: vier gelbe Rhythmiktücher zur Darstellung eines Hauses. Dunkle Rhythmiktücher oder Steine zum Legen eines Brunnens.
Instrumente: SG AG AX Flöte.

Eröffnungslied: Meine Seele erhebt den Herren

Themenverweis

P begrüßt die Gemeinde. Er verweist darauf, daß viele Menschen in der heutigen Zeit unglücklich und verschlossen sind; daß es ihnen schwerfällt, den Anruf Gottes an sie zu hören.

Besinnung

P regt an, in Stille alle Not und alle Fehler zu bedenken und vor Gott zu tragen. Nach einer Zeit der Ruhe singt die Gemeinde: Herr, erbarme dich (GL 440).

Gebet

P: Gott, wir sind oft so verschlossen, daß deine Botschaft bei uns gar nicht mehr ankommt. Manchmal sperren wir uns auch unbewußt gegen dich. Wir wissen, daß wir sonst manches in unserem Leben ändern müßten. Das fällt uns schwer. Schließe uns auf für dich und deinen Ruf in unserem Leben durch deinen Sohn Jesus Christus . . .

Katechese

A. MARIA WIRD MUTTER

TEXT	SPIELANLEITUNG	MUSIK
KL: In unserer Geschichte gibt es ein Haus. Es steht in einer kleinen Stadt. Die Stadt heißt Nazareth. In dem Haus wohnt eine Frau. Ihr Name ist Maria. Maria ist eine Frau wie deine Mutter. Sie putzt das Haus. Sie wäscht die Wäsche. Sie flickt, was zerrissen ist. Sie heizt den Ofen an. Sie bereitet das Essen.	Kinder stellen sich mit hellen Tüchern zu einem Haus auf. Ein Kind tritt in das Haus. Es übernimmt die Rolle der Maria.	

In der Zeit, in der Maria lebte – vor 2000 Jahren –, war vieles anders als heute. Wasser z. B. floß nicht aus dem Wasserhahn. Brauchte man Wasser, mußte man zum Brunnen gehen. In jedem Dorf, in jeder Stadt gab es einen Brunnen. Meist lag er in der Mitte des Ortes. Er war sehr tief. Wasser war sehr kostbar. Mit einem Eimer holte man Wasser aus dem Brunnen. Man ließ den Eimer mit einem Seil in die Tiefe – war er gefüllt, zog man ihn wieder hoch. Zu dem Brunnen kamen alle, die Wasser brauchten, vor allem Frauen. Morgens und abends kamen sie. Sie schöpften Wasser. Sie erzählten sich Geschichten.

Kinder legen mit Steinen oder dunklen Tüchern einen Brunnen.

□–□

//

AG

↗↙

In unserer Geschichte geht Maria zum Brunnen. Sie trägt einen großen Krug. Sie stellt ihn ab. Sie läßt einen Eimer in den Brunnen. Sie zieht ihn wieder empor. Sie gießt das Wasser aus dem Eimer in den Krug. Sie trägt den Krug nach Hause.
Die Frauen am Brunnen schauen Maria nach. Die Frauen sagen zueinander: Maria bekommt ein Kind. Man sieht es ihr an. An ihrem Leibe merkt man es, daß Maria Mutter wird. Ja, Maria wird Mutter. Sie freut sich auf ihr Kind.

Maria spielt das gesprochene Wort. Sie geht von ihrem Haus zum Brunnen, schöpft pantomimisch Wasser und geht wieder heim.

AX
□–□
AG
↗↙
AX

Flö

B. DIE FROHE BOTSCHAFT

P führt ein:
Menschen haben aufgeschrieben, was Jesus gesagt und getan hat, wie er gelebt hat, wie er gestorben ist. Ein Freund Jesu – Lukas heißt er – hat aufgeschrieben, wie Jesus geboren wurde. Er hat aufgeschrieben, wie Maria erfährt, daß sie die Mutter Jesu sein wird. Seine Geschichte heißt so:
KL: Maria ist in ihrem Haus. Es ist ganz still im Haus. Maria betet.

Kinder bilden mit hellen Tüchern das Haus für Maria.

Sie betet zu Gott: Schicke uns Licht in unsere Dunkelheit. Schicke uns einen Stern in unsere Finsternis. Schicke uns den, den du versprochen hast, den Messias, Retter, Heiland.

Es wird hell in Marias Haus. Es kommt einer, der hell, Licht ist, weil er vom Licht kommt. Ein Bote Gottes, ein Engel tritt ins Haus. Er grüßt Maria und sagt: Ich grüße dich, Maria. Gott sendet mich zu dir. Eine Botschaft soll ich dir bringen. Die Botschaft kommt von Gott. Du wirst Mutter werden. Ein Kind wirst du bekommen. Dem Kind sollst du den Namen Jesus geben. Das Kind wird der sein, den Gott den Menschen versprochen hat, das Licht in der Dunkelheit, der Stern in der Finsternis, der Messias – Retter – Heiland.

Ein Kind übernimmt die Rolle des Engels und tritt auf Maria zu.

SG pent.

Lied: Flö, dann singen (S. 27)

Maria ist erstaunt. Sie ist verwundert. Sie soll Mutter werden? Sie wird den gebären, den Gott den Menschen sendet, Jesus, den Messias – Retter – Heiland. Maria antwortet: Es soll so sein. Es soll geschehn, wie Gott es will.
Das war die Botschaft Gottes an Maria. Maria aber ist voll Freude. Sie lobt Gott und sagt: Gott, du bist groß. Gott, du bist gut. Gott, du liebst die Menschen und vergißt sie nicht. Gott, ich danke dir aus ganzem Herzen und singe dir mein Lied.

SG

Kanon: Meine Seele (S. 23).

Verkündigung T. u. M.: H. Neubauer

2. „Jesus, dein Kind, ist Gottes Sohn.
Glaub an die Botschaft mein."
Maria hört es voll Vertrauen.
||: Sagt: „Ja, so soll es sein." :||

3. Maria freut sich. Sie dankt Gott.
Sie preist ihn, lobt ihn sehr.
Sie weiß, Gott ist ein guter Gott.
||: Er ist der Menschen Herr. :||

Fürbittgebet

Für Menschen, die satt sind, verschlossen oder unglücklich . . .

Meditation

Zu leiser Flöten- oder Orgelmusik kann folgender Text meditiert werden:

K1: Bin ich offen und ansprechbar für die Kinder im Kindergarten, in der Schule – für den alten Mann im Bus – für die Frau mit dem Kind in der Straßenbahn – für die Menschen, die fremd sind und einen Weg suchen . . .
Bin ich offen und ansprechbar – auch für Gott? Wie merke ich eigentlich, was er will? Hat er überhaupt schon einmal in mein Leben gesprochen? Hat mich sein Wort schon einmal getroffen, berührt, erschüttert?

K2: Ich will mir Zeit lassen zum Nachdenken. Ich will schauen und hören, wie Gott spricht: durch die Blumen, durch die Tiere, durch meine Eltern und liebe Menschen, durch Glück und Freude in meinem Leben, durch Not und Leid, die zu bestehen sind . . ., durch Jesus Christus, der mir wie ein Bruder ist, *das* Wort Gottes. Ich will mir Zeit lassen zum Nachdenken.
(Musik)

Schlußgebet

P betet mit geöffneten Händen:
Gott, unser Vater! Du hast zu Maria geredet, und sie war offen für dein Wort und deinen Willen. Darum konnte in ihr Leben ein kleines Kind wachsen, dein Sohn Jesus Christus.
Öffne auch unsere Hände, unsere Augen und Ohren, unsere Herzen, uns selbst ganz und gar für deine Welt, für die Menschen, die mit uns zusammenleben in Freude und Leid. Dann wird auch bei uns Jesus lebendig, dein Sohn, der ...

Schlußlied: Laßt uns erheben (Kanon)

Kanon von Michael Kuntz aus KANONMESSE
Fidula-Verlag Boppard/Rhein und Salzburg

Sich begegnen (Maria geht zu Elisabeth)

Zielvorstellung

In der Begegnungsgeschichte von Maria und Elisabeth wird den Kindern die Schwierigkeit, aber auch die Freude im Begegnungsprozeß bewußt. Jesus ist mit dabei.

Vorüberlegung

Der Weg ist weit, der Weg zum andern, und er ist beschwerlich. Glücklich der, den die Freude treibt und der auch mit Schwierigkeiten fertig wird. Glücklich der, auf den am Ende eines Wegstückes ein Mensch wartet.

Wer kennt den oft gefahrvollen Weg unserer Kinder durch die heutige Zeit? Wer weiß, was sie treibt, so daß sie manchmal außer sich sind? Wer oder was erwartet sie wirklich auf ihrem Weg?

Vorbereitung

Eine Gruppe von etwa zehn Kindern übt das Spiel ein. Wir benötigen: vier gelbe Rhythmiktücher für das Haus der Maria, vier blaue für das Haus der Elisabeth, dunkle für den Weg zwischen beiden Häusern. Jeweils ein Kind stellt Maria bzw. Elisabeth pantomimisch dar.
Außerdem brauchen wir einen Kantor, einen Erzähler und folgende Instrumente: SG AG.

Eröffnungslied: Führe mich, o Herr

T. u. M.: Kanon nach dem Morgenlied „Gott des Himmels und der Erden“ von Heinrich Albert 1642: Herbert Beuerle 1975, © Burckhardthaus-Laetare Verlag, Gelnhausen

Themenverweis

P begrüßt die Kinder und Eltern und verweist darauf, wie schwer es für viele Menschen ist, zueinander zu finden: Eltern zu Kindern und Kinder zu Eltern, Kinder untereinander und Erwachsene untereinander.

Besinnung

K: Gott, unser Vater! Manchmal verstehen wir uns nicht mit unseren Eltern, Geschwistern, Freunden und Bekannten. Wir treffen uns täglich und haben uns oft wenig zu sagen. Angst, Neid oder Trägheit hindern uns, einander ehrlich zu begegnen.

V/A: *Kyrie* (einstimmig)

Vater: Gott, unser Vater! Manchmal verstehen wir uns nicht mit unseren Kindern, mit der Frau, mit Verwandten oder Arbeitskollegen. Wir treffen uns täglich und haben uns oft wenig zu sagen. Voreingenommenheit, Hemmungen, Stolz hindern uns, einander ehrlich zu begegnen.

V/A: *Kyrie* (einstimmig)

Mutter: Gott, unser Vater! Manchmal verstehen wir uns nicht mit unseren Kindern, mit dem Mann, Verwandten oder Bekannten. Wir treffen uns täglich und haben uns oft wenig zu sagen. Führe uns durch alle Hindernisse zueinander, damit wir einander immer wieder neu ehrlich begegnen können.

V/A: *Kyrie* (als Kanon)

Gebet:

P: Gott, unser Vater! Wir sind auf dem Weg durch unser Leben. Oft ist dieser Weg mühsam und beschwerlich. Er kostet Kraft und Anstrengung. Du bist bei uns auf dem Weg. Du bist die Kraft, die uns treibt. Du führst uns auch zusammen und läßt uns miteinander Freude erleben. Am deutlichsten zeigt uns Jesus Christus den Weg in die Welt und zueinander, dein Sohn, der . . .

Katechese

A. DER WEG VOM EINEN ZUM ANDERN

TEXT	SPIELANLEITUNG	MUSIK
Maria ist voll Freude. Sie wird Mutter werden. Sie sagt ihre Freude, ihr Geheimnis Menschen, die sie liebt. Sie sagt es Josef. Sie sagt es Elisabeth. Elisabeth ist eine Verwandte.		SG

Elisabeth wohnt nicht in Nazareth. Elisabeth wohnt im Gebirge. Da führt ein Weg vom Haus der Maria zum Haus der Elisabeth. Der Weg ist weit. Er ist nicht immer gerade. Er führt bergauf – bergab. Steine liegen am Weg. Bäume stehen am Weg. Maria macht sich auf den Weg zu Elisabeth, ihrer Verwandten.

Kinder legen mit dunklen Tüchern vom Haus der Maria aus einen Weg.

Am Ende des Weges wird ein zweites Haus gebildet, das Haus der Elisabeth. AG

Ein Kind übernimmt die Rolle der Elisabeth.

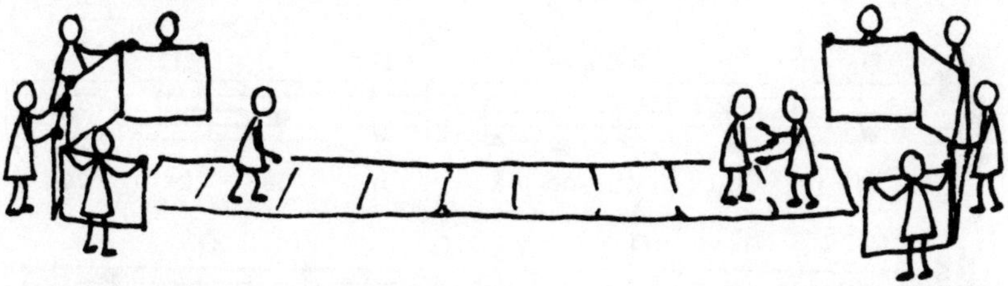

Nach diesem Text und Weg-Legespiel setzt die Frohe Botschaft ein:

Diesmal soll sie gesungen werden: „Maria geht übers Gebirg". Das Lied ist ein Vor- und Nachsingelied. KL oder ein Kantor singt die einzelnen Strophen. Die Gemeinde wiederholt jeweils die dritte Verszeile.
Der Text der Strophen wird von Maria und Elisabeth durch Bewegung und sparsame Gestik gestaltet.
Die Liedzeile der 4. Strophe „Aus mir wird geborn" kann eventuell von Maria selbst gesungen werden.

Maria geht übers Gebirg

T. u. M.: F. Kett

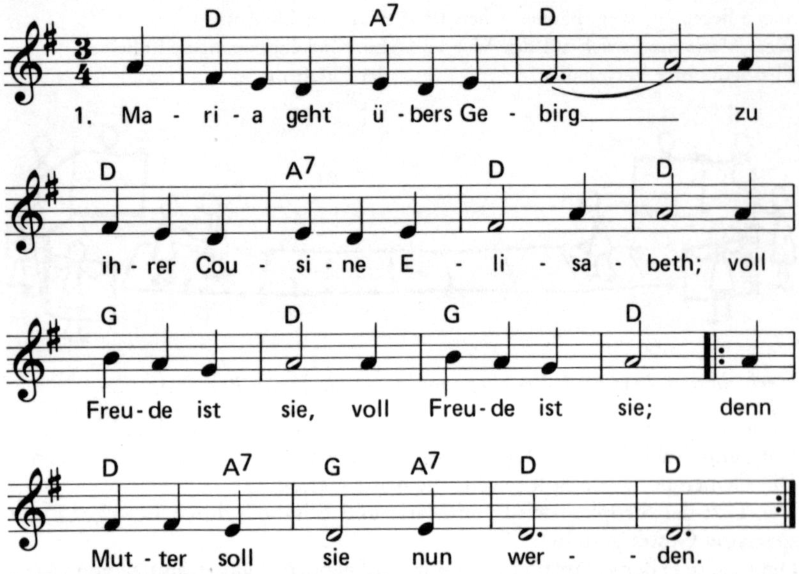

2. Maria trägt in ihrem Leibe,
sie trägt unter ihrem Herzen
ein Kindelein, ein Kindelein,
||: den Heiland und Herrn Jesus Christ. :||
3. Und wie sie dann kommt zu Elisabeth,
zu ihrer Cousine Elisabeth,
wird sie begrüßt, wird sie begrüßt
||: als Mutter des Herrn Jesus Christ. :||
4. Maria fängt dann zu singen an;
voll Freude fängt sie zu singen an:
Aus mir wird geborn, aus mir wird geborn
||: der Heiland, der Herr Jesus Christ. :||
5. Maria geht übers Gebirg.
Sie geht wieder heim nach Nazareth.
Voll Freude ist sie, voll Freude ist sie,
||: denn Mutter soll sie nun werden. :||

Fürbittgebet

Für uns selbst und alle, die Schwierigkeiten haben auf ihrem Lebensweg in der Begegnung mit anderen.

Meditation

Zur Meditation kann das Lied „Maria durch ein Dornwald ging“ als Solo gesungen oder mit Flöte und Orgel gespielt werden.

Schlußgebet

P betet mit offenen Armen:

Gott, unser Vater! Die alten Geschichten von dir erzählen, daß die Menschen Freude und Liebe erfahren, wo du ihnen begegnest.
Maria wollte deinen Gruß weitergeben. Und Elisabeth hat sich unbeschreiblich gefreut. Beide haben in ihrer Begegnung erfahren, daß du da bist. Oft ist es nur ein Gruß, ein Blick, der andere froh machen kann. Gib uns Phantasie, damit wir einander im Geiste der Liebe begegnen durch Jesus Christus, deinen Sohn, der . . .

Schlußlied: Herr, laß auf Erden

Auf der Suche sein (Herbergssuche)

Zielvorstellung

Das Erleben der Herbergssuche will Betroffenheit auslösen für die Tatsache, daß Gott selbst eine Bleibe beim Menschen sucht.

Vorüberlegung

Viele Menschen sind getrieben von den all-täglichen Anforderungen. Hoffnungslos suchen sie oft nach einer Bleibe, einem Ort, einem Menschen, wo sie sich wohl fühlen können.
Wie die Menschen damals und heute trifft auch unsere Kinder dieses Schicksal. Wo finden sie in der kirchlichen Gemeinde Orte, Menschen, denen sie

vertrauen, bei denen sie sich wohl fühlen können, die sie aufnehmen, gerade in ihren Schwierigkeiten?

Vorbereitung

Eine Gruppe von 10–15 Kindern bereitet den Spielablauf vor. Wir benötigen: einen Herold mit einer Trommel, der seinen Text selbst sprechen sollte. Eine Gruppe von Kindern, die das Bewegungsspiel gestaltet, das in den Gottesdienst eingefügt ist. Einen Bub und ein Mädchen, die Maria und Josef darstellen. Kinder, evtl. mit dunklen Tüchern, die zum Spiellied der Herbergssuche pantomimisch Maria und Josef abweisen. Einen Kantor und einen Erzähler. Instrumente: ⊘ AX Flöte.

Eröffnungslied: Herr schick uns Frieden

Themenverweis

P begrüßt die Gemeinde. Er verweist auf die vielen Menschen, die an diesem Tag unterwegs sind. Alle suchen einen Ort oder einen anderen Menschen, wo sie wenigstens für eine Zeitlang sich wohl fühlen, aufatmen und aufleben können. Auch Gott ist unterwegs.

Besinnung

P fordert jeden Gottesdienstbesucher auf, in Stille an einen Menschen zu denken, der an diesem Tage unterwegs ist und eine Bleibe sucht. Für alle zusammen ruft die Gemeinde Gott um Erbarmen an:

Herr, erbarm (einstimmig und als Kanon)

Gebet

P: Gott, unser Vater! Du kennst jeden von uns. Du weißt auch, daß wir oft auf der Suche sind nach Plätzen und Menschen, die für uns Kinder da sind. Öffne aber auch *unser* Herz für die Not der andern und hilf uns, sie nicht zu übersehen, durch Jesus Christus, deinen Sohn, der . . .

Katechese

A. VIELE MENSCHEN SIND AUF DER SUCHE

TEXT	SPIELANLEITUNG	MUSIK
Maria wird Mutter. Der Tag ist nah, wo Maria ihr Kind gebären sollte. Da kommen Boten durch die Städte und Dörfer, Boten des Kaisers Augustus.		
Sie kommen und rufen: Ein Befehl des Kaisers Augustus! Ihr Leute, hört den Befehl des Kaisers Augustus. Ein jeder soll dorthin gehen, wo er geboren wurde. An seinen Geburtsort soll jeder gehen, in seine Heimatstadt. Ein jeder soll sich aufschreiben lassen in dem Dorf, in der Stadt, wo er geboren wurde. Folgt dem Befehl des Kaisers, ihr Leute! Tut, was er euch sagt! Ein Befehl des Kaisers Augustus! Ein Befehl des Kaisers Augustus! So machen sich die Menschen auf den Weg, um sich aufschreiben zu lassen. Jeder geht in seine Heimatstadt, dahin, wo er geboren wurde.	KL oder Kind geht im Kreis umher und übernimmt die Rolle des Ausrufers. Hier ist es angebracht, daß der „Ausrufer“ den Text selbst spricht. 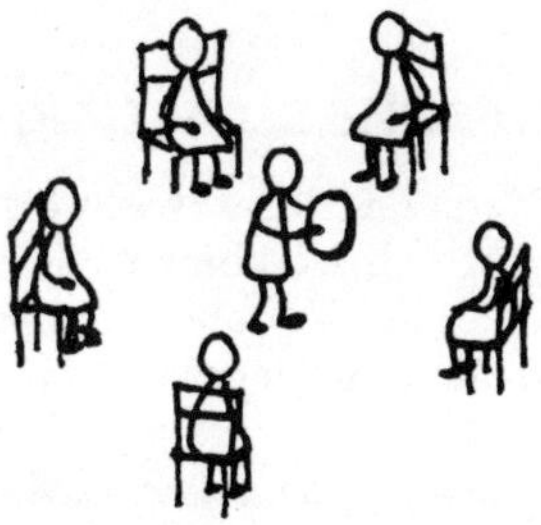	

An dieser Stelle kann im Gottesdienst ein allgemeines Bewegungsspiel eingefügt werden. Es kann auch speziell mit einer Gruppe von Kindern eingeübt sein. MUSIK: Folklore für Flöte und Gitarre, Seite B, 2. Absatz (Christophorus-Verlag); oder: Eigenbegleitung mit  und AX pentatonisch, evtl. Flöte.

TEXT	SPIELANLEITUNG
„Viele Menschen sind unterwegs. Sie gehen einen langen Weg. Vielleicht gehen sie in eine andere Stadt. Vielleicht wollen sie jemanden besuchen. Vielleicht suchen sie aber auch eine Wohnung. Vielleicht sind es Menschen, die ihr Haus, ihre Heimat verlassen mußten. Sie wissen nicht, wo sie in dieser Nacht schlafen sollen.	Kinder gehen durch den Raum, jedes für sich. Sie versuchen, ihre Schritte dem Rhythmus der Flöte anzupassen.
Der Weg ist weit. Viele Menschen gehen zu zweit. Sie führen einander. Sie beschützen einander. Sie helfen einander. Sie stützen den anderen, wenn er nicht mehr weiter kann.	Kinder suchen einen Partner, gehen zu zweit, führen sich.
Sie werden müde. Sie machen Rast. Sie setzen sich nieder am Wegrand. Sie ruhen sich aus.	Kinder gehen in Ruhestellung (Hocke).
Es wird dunkel, Nacht. In der Ferne ist eine Stadt zu sehen. Dorthin wollen sie gehen.	Kinder erheben sich wieder, gehen weiter, führen sich.
In der Stadt suchen sie eine Wohnung, einen Platz zum Schlafen. Sie klopfen an den Türen an. Manche werden aufgenommen. Einige müssen weitergehen.	Kinder gehen zu den Plätzen im Stuhlkreis. Sie klopfen an (imaginär). Viele finden Platz und setzen sich. Einige ziehen weiter.
Sie haben nirgendwo in der Stadt Platz gefunden. So gehen sie aus der Stadt hinaus. Sie suchen draußen vor der Stadt einen Platz.	Einige Kinder ziehen aus dem Kreis hinaus.

B. DIE FROHE BOTSCHAFT

P: Maria und Josef aber müssen von Nazareth fort in die Stadt Bethlehem gehen. Josef kommt aus Bethlehem. Dort wohnten seine Vorfahren. Einer der Vorfahren des Josef war ein König – der König David. Josef stammt aus dem Haus, aus dem Geschlecht des Königs David.

Hier setzt das Spiellied ein: „Maria und Josef, sie gehen nach Bethlehem."
Das Lied wird ebenfalls als Vor- und Nachsingelied gestaltet.
Zwei Kinder aus der Gemeinde erheben sich von ihren Plätzen und ziehen langsam durch das Kirchenschiff ihren Weg.
Sie rasten bei der dritten Strophe und setzen dann ihren Weg wieder fort.
Sie klopfen (nach der fünften Strophe) bei einzelnen Kindern in den Bänken an. Dazu wird eine Trommel benötigt. Die Bittenden werden abgewiesen,

indem dunkle Tücher vorgehalten oder Gesten der Abweisung gezeigt werden. Maria und Josef ziehen an eine nicht zentrale Stelle im Kirchenraum.

Maria und Josef gehen nach Bethlehem T. u. M.: F. Kett

2. Sie gehen ganz langsam –
der Weg, der ist so himmelweit.
Ach wär'n sie schon in Bethlehem,
wären sie schon dort.

3. Maria ist müde –
sie rastet und sie ruht sich aus.
Sie denkt auch an ihr Kindelein,
bald wird es geborn.

4. Sie gehen jetzt weiter –
der Weg, der ist so himmelweit.
Ach wär'n sie schon in Bethlehem
–
wären sie schon dort.

5. Und dort angekommen,
klopft Josef an die Türen an.
Er bittet: Macht doch auf die Tür,
gebt uns doch Quartier!

6. Es bleiben verschlossen die Türen
und die Herzen all.
Maria und Josef,
sie ziehn zu einem Stall.

Fürbittgebet

Für uns und alle, die auf der Suche nach einer Bleibe sind.

Meditation

Trompete und Orgel spielen das Lied: Wachet auf (GL 110).

Schlußgebet

P: Gott, unser Vater! Du bist bei uns, deinen Kindern. Dein Sohn hatte die Kinder lieb. Er wurde ein Kleiner. So klein und gering wurde er, daß man ihn sogar übersehen hat. Und das passierte nicht nur damals. Sei bei den Kindern und bei allen Menschen, die heute auf der Suche sind, und hilf uns, daß wir niemanden und nichts übersehen, durch Jesus Christus, deinen Sohn, der . . .

Schlußlied: Sende dein Licht

Kind werden (Geburt Jesu)

Zielvorstellung

In der Feier der Geburt Jesu Christi kann den Kindern die wohlwollende Nähe Gottes, aber auch die sich daraus ergebende Konsequenz für das menschliche Leben spürbar werden.

Vorüberlegung

Jesus wird geboren, wird Mensch, nimmt menschliche Gestalt an, so sagen wir. Was heißt das, für uns und unsere Kinder?
Es bedeutet eine wohlwollende Nähe unseres Gottes in allen Menschlichkeiten. Mensch – menschlich – wird keiner nur einmal. Menschwerden ist ein ständiger Prozeß, der oft unter Schmerzen geschieht. Das erfahren auch unsere Kinder. Wer ist bei ihnen in den Geburtswehen ihrer Persönlichkeit? Wer leistet ihnen echten Hebammendienst für das, was in ihnen geworden ist und ans Licht drängt?

Vorbereitung

Eine Gruppe von etwa zehn bis zwölf Kindern übt den Tanz der Sterne ein zum Text eines Erzählers und zur angegebenen Musik. Ein oder zwei Kinder werden in der Mette die kostbare Jesuskerze tragen, die wir evtl. vorher in einer Gemeindegruppe oder in der Schule gegossen und mit Wachs verziert haben. Ein oder zwei andere Kinder bringen Barbarazweige, zwei weitere ein Bündel Stroh. Vor oder während des Gottesdienstes kann um oder vor dem Altar von einer Gruppe von etwa fünf Kindern ein Stern mit roten, gelben oder orangefarbenen Rhythmiktüchern gelegt werden. Bei der Krippenlegungsfeier tragen Kinder in einer Prozession die Krippenfiguren von Maria, Josef und dem Jesuskind zur Osterkerze oder Krippe. Material: rote, gelbe und/oder orangefarbene Rhythmiktücher, Jesuskerze, Barbarazweige, Bündel Stroh, Krippenfiguren von Maria, Josef und dem Jesuskind, Schallplattenmusik (Folklore für Flöte und Gitarre, Seite B, 6. Absatz, Christophorus-Verlag) und Instrumente: 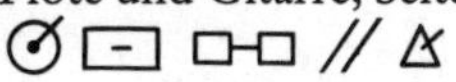 SG AX Flöte.

Eröffnungslied

Geht zu den Ställen heute Nacht – oder: Freu dich, Erd' und Sternenzelt (Böhmisches Halleluja), wobei eine Gruppe vorsingt und die Gemeinde leise das Halleluja unterlegt.

Geht zu den Ställen heute Nacht

T.: Josef Reding, M.: Ludger Edelkötter. © impulse-musikverlag, 4406 Drensteinfurt, erschienen auf der EP „Uns ist ein Licht aufgegangen“

2. Geht zu den Armen heute Nacht,
die nirgends ein Zuhause haben!
Verlaßt den Glanz, kommt aus der Pracht
und bringt den Hungernden die Gaben.
3. Geht zu dem Kinde heute Nacht,
dem weder Bett noch Tisch zu eigen.
Geht zu dem Kinde heute Nacht.
Es wird Euch Gottes Antlitz zeigen.

Themenverweis

P begrüßt die Kinder. Er verweist auf das Dunkel im Raum und deutet es auch als das oftmalige Dunkel in der Welt und in den Herzen der Menschen als Krieg, Haß, Neid, Traurigkeit, Krankheit . . ., Tod. Immer dann ist die Sehnsucht der Menschen nach Licht und Frieden sehr groß.

Besinnung

P leitet die Kinder an, über das „Dunkel“ in Kindergarten, Schule, Arbeitsplatz . . ., in der Welt nachzudenken und über das, was sie sich anders wünschen würden.

– Stille –

Lied: Tau aus Himmelshöhn (GL 103)

V singt jeweils einen ganzen Vers vor.
A wiederholen nur das „Herr, erbarme dich“.

Gebet

P: Gott, unser Vater! Wir sind oft blind und sehen nicht dein Licht. Um uns und in uns ist oft das Dunkel. Zeige uns den Weg zum Leben. Führe uns den Weg durch das Dunkel zum Wunder-baren, zum Licht, zu Jesus Christus, deinem Sohn, der . . .

Katechese

A. EIN LICHT ERHELLT DIE DUNKELHEIT

Die Feier und Katechese der Kindermette beginnt in der beinahe dunklen Kirche; nur einige Kerzen erhellen schwach den Raum.
Die Gemeinde wird angeregt, zu leiser Musik ein wenig zu „träumen“. Die Kinder können von ihren Träumen erzählen.
Die Menschen träumen meistens in der Nacht. KL führt die Gemeinde meditativ zur Vorstellung der Nacht. Er lädt die Gemeinde dazu ein, mit den Händen zu spielen, wie die Sterne aufgehen. Eine Gruppe von Kindern kann das Leuchten und Strahlen der Sterne auch im Tanz darstellen.
MUSIK: Folklore für Flöte und Gitarre, Seite B, 6. Absatz (Christophorus-Verlag); oder: Eigenbegleitung (pent.) mit △ SG Flöte.

TEXT	SPIELANLEITUNG
Jeden Abend leuchten am Himmel viele tausend Sterne auf. Rund sind sie. Sie ziehen ihre Bahn. Sie leuchten und verteilen ihre Strahlen. Sie sehen immer wieder anders aus. Schön sind sie, die Sterne in dunkler Nacht.	Kinder sitzen in der Hocke am Boden. Sie stehen langsam auf. Kinder formen mit den Händen einen Kreis. Sie drehen sich im Kreis. Sie halten die Arme hoch. Sie breiten die Arme aus. Sie erfinden verschiedene Sternformen.
Manchmal verdecken Wolken die Sterne. Dann sieht man sie nicht. Wenn der Wind die Wolken fortbläst, werden sie wieder sichtbar. Kleine und große Sterne gibt es. Ohne zu ruhen, ziehen sie am Himmel ihre Bahn.	Kinder setzen sich wieder in die Hocke – bleiben etwas in Ruhestellung. Kinder erheben sich wieder. Zwei oder drei Kinder bilden zusammen einen Stern und drehen sich im Kreis.
In einer Nacht erscheint am Himmel ein ganz großer, leuchtender Stern. Wie eine Blume, wie eine Sonne leuchtet er auf. Er will den Menschen sagen: „Freut euch! Ein Licht ist aufgegangen in der dunklen Welt: Jesus ist geboren!“	Alle Kinder bilden zusammen einen Stern. Sie gehen im Kreis. Sie halten die Arme hoch.

Mit roten und gelben Rhythmiktüchern soll auf oder vor dem Altar ein großer Stern gelegt werden:

B. DIE FROHE BOTSCHAFT

P oder KL führt zur Weihnachtsgeschichte:

Träume der Menschen können wahr werden. In dieser Nacht ist es geschehen. Und das kommt so:
KL: In dieser dunklen, finsteren Nacht leuchtet vor der Stadt ein großer, strahlender Stern auf, ein Stern, wie man ihn noch nie gesehen hat. Er bleibt genau über einem Stall stehen, und dort haben Maria und Josef Quartier gefunden, denn in der Stadt hatte niemand für sie Platz.

TEXT	SPIELANLEITUNG	MUSIK
Im Stall aber, über dem der Stern leuchtet, geht auch ein helles Licht auf. Dort gebärt Maria ihr Kind, Jesus – der unser Heiland wurde, Jesus – von dem es heißt: Er ist *das Licht,* das in unsere Finsternis leuchtet.	Eine brennende Kerze wird in die Mitte des Sterns gestellt.	∆

Im Stall wird geboren, den Gott uns sendet, damit er allen das Leben bringt. Wie eine Blüte, die in kalter Zeit aufblüht, wird er geboren.

Der blühende Barbarazweig (oder andere blühende Blumen, z. B. Christrose ...) wird in die Sternmitte gestellt.

SG

Ganz arm wird er geboren, unser Heiland, Retter, Messias. Eine Futterkrippe ist die Wiege. Stroh und Heu sind sein Bett.

Ein Bündel Stroh wird in die Sternmitte gelegt.

Hier mündet die Erzählung in freies Beten und Singen, in Dank und Lobpreis ein. Das freie Beten kann von einem Rahmenvers durchwoben sein, z. B.: Mit Jesus kommt das Licht zu uns. Amen, Alleluja (aus: Gott birgt das Heil, S. 161).

Menschen schauen ein Licht

Draußen, auf dem Felde vor der Stadt aber sind Hirten. Sie hüten in der Nacht ihre Herden. Sie schlafen bei ihren Herden.

Alle Kinder und die ganze Gemeinde werden eingeladen, Hirten zu sein, beieinander zu sitzen, zu träumen, die Augen zu schließen.

Da erscheint ein Licht am Himmel. Ein Stern leuchtet auf. Einer, der vom Licht, von Gott kommt, ein Engel, tritt zu den Hirten und spricht:
Fürchtet euch nicht! Ich verkünde euch eine große Freude. Es wurde heute der geboren, auf den ihr wartet, Jesus, der Herr. Im Stall findet ihr ihn als Kind – in Windeln gewickelt, in einer Krippe liegend.

Zu den Klängen des Glockenspiels öffnen alle die Augen. Ein Kind mit einer Kerze, die es an der Osterkerze entzündet hat, tritt als „Bote“ (Engel) vor die Gemeinde und untermalt mit sparsamer Gestik die Worte des KL.

SG

Da sagen die Hirten: Auf, laßt uns gehen, das Kind zu suchen.

Die ganze Gemeinde steht auf. Die Kinder fassen sich bei den Händen und gehen auf den „Boten“ zu.

Hirtenlied

T. u. M.: H. Neubauer

2. Und die Hirten laufen schnell,
finden bald das Kind,
freuen sich und beten an,
wenn auch arm sie sind.
Ein Stern ist aufgegangen . . .

3. Und wir alle wollen gehn,
danken Gott, dem Herrn,
wollen singen, wollen sagen:
Gott hat uns sehr gern.
Ein Stern ist aufgegangen . . .

Menschen finden das Licht und beten an

Die Hirten aber kommen zum Stall. Dort finden sie den, der uns Licht bringt in unsre Dunkelheit, Freude in unsre Traurigkeit, Mut in unsre Angst. Die Hirten sind voll Freude. Sie fangen zu singen und zu tanzen an.

Kinder gehen zum Stern. Sie können sich bei den Händen fassen und um den Stern schreiten, in dessen Mitte die Zeichen Licht, Blüte und Stroh stehen.

Flö
pent.
AX

Krippenlegungsfeier

P: Wir haben die Osterkerze entzündet, das Zeichen für unseren Herrn Jesus Christus, der gestorben – begraben, am dritten Tage aber wieder auferstanden ist, aufgefahren in den Himmel.
Wir stellen zur Kerze die Krippe. Dies soll heißen: So hat es angefangen mit Jesus. Als Kind wurde er geboren vor 2000 Jahren – von Maria, seiner Mutter – zu Bethlehem, wie es in den Schriften heißt.
Und weiter heißt es in den Schriften: Maria wickelte ihn in Windeln und legte ihn in eine Krippe; denn in der Herberge war kein Platz für sie.

K: Tragen in feierlicher Prozession eine Krippe und Jesusfigur zur Osterkerze. Sie betten die Figur in die Krippe.

Dazu kann eines der bekannten Weihnachtslieder gesungen werden, z. B.: Es ist ein Ros entsprungen (3. Str.) oder:

Jesus ist geboren

T.: F. K. Barth, P. Horst, G. Kränz. M.: Ludger Edelkötter. © impulse-musikverlag, 4406 Drensteinfurt, erschienen auf der EP „Uns ist ein Licht aufgegangen“

2. Das Kind wird euer Bruder sein,
wird euer Leben teilen.
Das Kind wird euer Friede sein,
wird euch aus Liebe heilen.
3. Das Kind wird euch begleiten.
Ein Freund, der weiß, was trennt,
der alle eure Ängste sieht,
uns sie beim Namen nennt.
4. Ein Mann, der Armen helfen wird,
der Armut auf sich nimmt.
Ein Mann, der Reiche stören wird,
der aufdeckt, was nicht stimmt.
5. Jesus ist geboren
in Bethlehem und überall.
Das Wunder, das uns menschlich macht,
beginnt im armen Stall.

Fürbittgebet

K1: Jesus, du bist da. Klein und gering bist du geworden. Hilf uns, die kleinen Zeichen der Liebe und Güte in unserem Leben zu ent-decken: einen freundlichen Gruß, einen Blick, ein liebes Wort, eine helfende Hand. Immer da kommst du wieder in die Welt und bist da, mit deinem guten Geist.

A: Mit Jesus kommt das Licht zur Welt. Amen. Alleluja!

K2: Jesus, du bist da. Klein und gering bist du geworden. Hilf uns, die kleinen, alltäglichen Not-wendigkeiten zu tun: im Kindergarten, in der Familie, in der Schule, am Arbeitsplatz, im Bus, beim Ausflug – nah und fern. Immer dann kommst du wieder in die Welt und bist da, mit deinem guten Geist.

A: Mit Jesus kommt das Licht zu uns. Amen. Alleluja!

Schlußgebet

P: Ja, du bist da, Jesus. Du bist unter uns lebendig. Auch wir kommen uns manchmal klein und gering vor. Du hast den Menschen gezeigt, daß das Große klein und das Kleine groß werden kann. Einfache Menschen wie die Hirten haben dich gefunden. Sie verstanden wohl kaum fremde Sprachen. Doch deine Sprache, die Sprache Gottes, haben sie verstanden. Deine Sprache, Jesus, ist einfach. So einfach, daß sie vielen *zu* einfach vorkommt. Es ist jetzt die Sprache eines Kindes – durch die Gott, unser aller Vater, zu uns spricht. Er spricht durch ein Kind – ganz arm, ganz hilflos und doch ganz nahe. Amen.

Schlußlied: Ehre sei Gott in der Höhe (oder eines der bekannten Weihnachtslieder)

Dem Stern folgen (Die drei Weisen)

Zielvorstellung

Die Geschichte von der Suche der Weisen will die Kinder zum Nachdenken über eigene Leitbilder im Leben bringen.

Vorüberlegung

Die Weisen folgen dem Stern, der sie zum armen Stall und zum bloßen Kind führt.
Wem folgen unsere Kinder? Wer sind die Stars, die ihr Leben leiten? Das Vorbildstreben unserer Kinder ist etwas ganz Natürliches. Alle Menschen brauchen Vor-bilder, an denen sie wachsen und reifen. Frag-würdig ist oft nur, welche Ideale diese Vorbilder verkörpern.
Wie verkünden wir Christen in den alltäglichen Situationen, in unserem Denken, Fühlen und Handeln den „Star“, der für uns in der ärmlichen Krippe liegt, der uns als Mensch durch den Tod zum Leben führt.

Vorbereitung

Eine Gruppe von etwa 10–15 Kindern übt den Sternentanz von Seite 22 zur angegebenen Musik ein. Wenn die ganze Gemeinde pantomimisch die Sterne aufgehen läßt, entfällt diese Vorbereitung. Ein Kind trägt den vorher gebastelten Stern für die Sternsingergruppe zur Katechese vor die Gemeinde. Diesmal ist mehr die ganze Gemeinde eingeladen mitzuspielen. Wir benötigen folgende Instrumente: 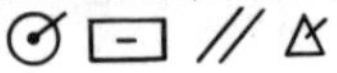 SG AX Flöte.

Eröffnungslied: Weg, den ein Stern erhellt

T.: W. Poeplau, M.: Ludger Edelkötter. © impulse-musikverlag, 4406 Drensteinfurt, erschienen auf der LP „Alle Knospen springen auf“

2. Ziel, das gefunden wird,
Zukunft, die sich nicht verirrt.
3. Brücke, die zum Ufer führt,
Herz, das die Liebe spürt.
4. Liebe, die die Angst verweht,
Lächeln, das spazierengeht.
5. Freude, die den Tag besingt,
Lied, das nach außen dringt.
6. Schlüssel, der die Tür aufschließt,
Blume, aus der Hoffnung sprießt.
7. Hoffnung, die zum Tanz anregt,
Tanz, der die Welt bewegt.

Themenverweis

P verweist nach der Begrüßung der Kinder auf Menschen, die immer wieder etwas in ihrem Alltag verlegt haben und suchen. Alle Menschen aber suchen gemeinsam, bewußt oder unbewußt, welchen Sinn ihr Leben hat und wo das Glück zu finden ist. Von Menschen, die suchen, erzählt dieser Gottesdienst.

Besinnung

P verweist darauf, daß wir alle manchmal zu träge sind oder zu bequem, um uns auf den Weg zu machen und das Leben, Gott, zu suchen und zu finden. Darüber wollen wir nachdenken.

K_1: Gott, unser Vater! Wir bitten dich um Verzeihung, wenn wir einen unserer Kameraden einfach stehengelassen haben, wenn wir ihn wie Luft behandelt haben.

V/A: Herr, erbarme dich unser. (GL 429)

K_2: Gott, unser Vater! Wir bitten dich um Verzeihung, wenn wir anderen Leuten unnötig ihr Leben schwergemacht haben zu Hause, im Kindergarten, in der Schule oder am Arbeitsplatz.

V/A: Christus, erbarme dich unser. (GL 429)

K_3: Gott, unser Vater! Wir bitten dich um Verzeihung, wenn wir dich übersehen haben in den Kranken und Traurigen, in denen, die Not leiden und ein gutes Wort oder ein kleines Zeichen der Hilfe erwartet hätten.

V/A: Herr, erbarme dich unser. (GL 429).

P: Gott, unser Vater! Du siehst unsere Not und hörst unser Bekenntnis. Du verzeihst jedem von uns und nimmst alle an. Dafür danken wir dir. Wir loben und preisen dich.

Loblied: Gelobt sei Gott (GL 218 Str. 1, 6)

Gebet

P: Gott, unser Vater! Du schenkst uns immer wieder neuen Mut auf unserem Lebensweg und läßt keinen im Stich. Du gehst mit uns und bleibst bei uns auch in der größten Not und Traurigkeit. Durch manche dunkle Stunden hindurch willst du uns zum Licht führen. Du schickst uns immer wieder Menschen, die versuchen, christlich zu leben. Führe uns und alle Menschen zu Jesus Christus, deinem Sohn, der . . .

Katechese

A. EIN STERN GEHT AUF

Die ganze Gemeinde wird angeregt, unter dem Klang von Glockenspielen und Triangeln viele Sterne aufgehen zu lassen. Mit den Händen wird Funkeln und Glitzern dargestellt. Jeder zeigt, wie sein Stern langsam und ruhig seine Bahn zieht.

Wenn der KL erzählt, daß einmal vor vielen Jahren eine große Sternstunde für die Menschheit war, daß ein Stern am Himmel erschien, fassen sich alle bei den Händen.
Flötenmusik spielt, und zum Altar kommt ein Kind mit dem Stern, der mit den Sternsingern der Gemeinde von Haus zu Haus ziehen wird.

Andere Möglichkeiten der Hinführung sind:

Der große Sternsingerstern wird gezeigt. Die Kinder werden aufgefordert, von Sterngeschichten zu erzählen, die ihnen einfallen, oder Erlebnisse zu beschreiben, die sie vielleicht schon in einer Sternennacht hatten.
Es kann auch der Sternentanz von Seite 22 wiederholt werden.
Ein Lied oder ein Liedruf kann zur Frohen Botschaft hinführen.

Ein Stern erscheint am Himmelszelt,
ein Stern, der kommt in unsre Welt.
Der Stern, der zeigt uns an,
daß Jesus zu uns kam.

(Der Stern, der zeigt uns heut,
daß Jesus uns erfreut!)

B. DIE FROHE BOTSCHAFT

KL oder P führt und erzählt die Geschichte:

TEXT	SPIELANLEITUNG	MUSIK
Es ist dunkle, finstere Nacht. Ein Stern leuchtet am Himmel auf, ein Stern, strahlend schön. Die Menschen, die ihn sehen, sind verwundert. Sie staunen. Sie fragen:		SG

T. u. M.: Erzieherinnen des Kindergartens Krailling

Vorsänger, dann alle

„Was ist das für ein Stern?“ fragen die Menschen. „Er ist ein Unglückszeichen“, meinen die einen. „Der Stern sagt ein Unglück an, Krieg, Erdbeben, etwas Schlimmes.“
„Nein“, sagen die anderen. „So ein schöner Stern kann nur Schönes und Gutes bedeuten. Er ist ein Hoffnungszeichen. Auf was dürfen wir hoffen?“
Wieder andere Menschen meinen gar nichts. Sie haben keine Zeit, zum Himmel zu sehen. Sie sehen nur auf ihre Arbeit, auf das Geld, das sie verdienen wollen. Die Zeichen am Himmel bleiben ihnen verborgen. Es bleibt ihnen viel Geheimnisvolles, Wunderbares verborgen.
Einige der Menschen, die das Himmelszeichen sehen, können den Blick nicht mehr von ihm wenden.
Es sind Menschen, die viel nachdenken über Sonne, Mond und Sterne, über die Welt, das Leben der Pflanzen, Tiere und Menschen, über Gutes und Böses, über Recht und Unrecht. Es sind kluge, sehr weise Menschen. Sie sehen den Stern und sagen:
„Ein Licht ist aufgegangen in der Dunkelheit. Ein helles Licht erstrahlt in unserer Finsternis. Es wurde der geboren, der uns Menschen den Frieden bringen will. Kommt, wir wollen uns auf den Weg machen und den suchen, für den der Stern ein Zeichen ist.“

Und sie gehen von zu Hause fort.
Jeder für sich.
Einer,
ein zweiter,
ein dritter.

Instrumente klingen erst im Gleichmaß, wenn sich die drei gefunden haben und gemeinsam gehen.

Sie lassen alles zurück, was sie haben, ihr Haus, den Garten, die Frau, die Kinder. Sie geben alles auf, was sie lieben. Sie machen sich auf den Weg. Sie wollen den suchen, für den der Stern ein Zeichen ist.

Weit ist der Weg.
Beschwerlich ist er.
Er kostet Mühe und Plage.
Er führt über Berge und Täler. Er führt durch die Wüste.
Heiß ist es dort.
Hunger und Durst quälen einen.
Und jeder geht allein, ganz allein.

Im gesamten Kirchenschiff können verschiedene Gruppen leise mit den Füßen das Gehen nachahmen.

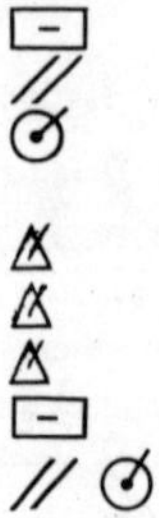

Wenn man aber dem gleichen Stern folgt, dann geschieht es, daß man auf die trifft, die auch dem Stern folgen. Einer begegnet dem anderen. Sie sind voll Freude. Keiner ist mehr allein. Sie sind Gefährten, die dem gleichen Stern folgen.

Instrumente erklingen im Gleichmaß

Sie gelangen ans Meer, ans Wasser. Wie geht es weiter? Sollen sie die Reise aufgeben? Nichts hält sie auf. Sie steigen in ein Schiff.

Stille mit den Füßen!

Das Meer bringt neue Gefahren: Wind – Sturm – Wellen. Sie heben das Schiff hoch. Sie ziehen es in die Tiefe. Die Menschen verlieren schon den Mut. Das Wasser steht ihnen bis zum Halse.
Doch dann reißt der Himmel wieder auf. Die Wolken verziehen sich. Die Wellen legen sich. Das Schiff erreicht den Hafen.
Der Stern leuchtet und zeigt den Weg. SG

Alle Kinder der Gemeinde spielen den Sturm mit den Händen mit.

AX

Da liegt eine Stadt vor ihnen, eine große und mächtige Stadt. Es ist die Stadt Jerusalem mit Häusern und Palästen. Der Himmel ist dunkel über der Stadt. Wo ist der Stern? Wohin führt der Weg? Vielleicht weiß der König der Stadt, wo der geboren wurde, den der Stern anzeigt.
Sie treten vor den König. Herodes heißt er. Sie treten vor ihn und fragen: Wo ist der neugeborene König, der Friedensfürst? Wir haben seinen Stern gesehen. SG
Der König erschrickt. Er weiß von keinem Stern. Er blickt nicht zum Himmel. Er hat andere Gedanken. Er will mächtig sein – herrschen. Er ist voll Angst. Kommt da ein neuer König, ein König, der ihn vom Throne stürzen will, der sich an seine Stelle setzen möchte?
Herodes ruft seine Ratgeber. Sie sollen ihm Rat geben, wer der neue König sei, welchen Namen er trage. Die Ratgeber lesen in alten Büchern. Es sind Bücher, in denen die Geschichte des Volkes aufgeschrieben steht, in denen geschrieben steht:

Gott selber ist der König des Volkes; er wird kommen und sein Volk befreien.

Sie lesen: „Du, Bethlehem, bist keineswegs die geringste unter den Fürstenstädten Judas. Aus dir wird geboren werden, der den Frieden bringt allen, die guten Willens sind.“ SG

Herodes erschrickt noch mehr. Er sagt zu den Weisen: „Geht nach Bethlehem und sucht das Kind. Wenn ihr es gefunden habt, kommt und sagt es mir, damit auch ich hingehe, um es anzubeten.“ (In seinem Herzen aber denkt er, es zu töten.)

Und die Weisen treten in den Stall. Sie finden den, für den der Stern ein Zeichen ist, den die alten Bücher angekündigt haben. Sie finden ein Kind und seine Mutter.	Die Gemeinde wird angeregt aufzustehen!	SG
Das Kind ist in Windeln gewickelt. Es liegt auf Heu und Stroh. Es liegt in einer Krippe.	Die Kinder können zur Krippe kommen.	SG
Die Weisen spüren: Dies Kind ist das Licht, das in der Finsternis aufleuchtet. Es ist der König, der allen den Frieden bringen will, die guten Willens sind. In diesem Kind ist Gott selber zu uns Menschen gekommen.		
So knien sie vor dem Kind nieder. Sie verneigen sich und beten es an. Sie geben Geschenke, wie man sie einem König schenkt: Gold – Weihrauch – Myrrhe.	Die ganze Gemeinde kann diese Geste mitvollziehen (knien . . .).	
Im Traum aber erscheint ihnen ein Engel. Er sagt: „Geht nicht nach Jerusalem zurück. Herodes will das Kind töten lassen. Kehrt auf einem anderen Weg heim.“ Sie gehorchen und ziehen auf einem anderen Weg heim.	Alle Kinder machen mit ihren Füßen die Bewegung des Gehens mit – werden langsam ruhiger.	

Fürbittgebet

Für uns und alle, die wir Vor-bilder suchen und brauchen, damit unser Leben wachsen und sich ent-falten kann.

Meditation

Zur Meditation spielt eine Flöte solo das Lied: Wie schön leucht uns der Morgenstern (GL 554).

Dazwischen kann eine Auswahl der Strophen (etwa 1, 2, 4, 6, 7) meditativ vorgetragen werden.

Schlußgebet

P: Gott, unser Vater! Wir Menschen wollen immer wieder Zeichen, damit wir auch sicher sein können, daß du da bist. Du gibst uns diese Sicherheit in den Zeichen der Zeit. Das schönste und größte Zeichen, das du uns von dir geschenkt hast, ist dein Sohn Jesus Christus. Führe uns den Weg zu ihm. Laß uns seinem Beispiel folgen, damit dein Friede und dein Segen unter uns Menschen lebendig werden heute und in Ewigkeit. Amen.

Schlußlied: Nun sei uns willkommen

Kanon von Walter Rein. Eigentum des Bärenreiter-Verlages, Kassel und Basel

Leben in der Hand halten (Der greise Simeon)

Zielvorstellung

Am Beispiel Simeons kann den Kindern erfahrbar werden, daß Suchen und Vertrauen auf Gott im Leben Sinn haben.

Vorüberlegung

Simeon suchte bis ins hohe Alter Rettung für sein Volk. Er fand die Rettung für alle Zukunft in Jesus.
Wenn es für unsere Kinder, die oft hin- und hergerissen sind in ihrem Leben, ein Leitbild gibt, das ihnen hilft, als Persönlichkeit zu reifen und das Leben, ja selbst den Tod, Tag für Tag durchzustehen, dann ist das Jesus Christus. Wie nehmen wir das Leben mit ihm für uns und unsere Welt in die Hand?

Vorbereitung

Eine Spielgruppe von 10–15 Kindern bereitet den Gottesdienst vor. Wir benötigen: Rhythmikseile zum Abgrenzen eines Raumes. Altartuch, Blumen und Kerzen zum Schmuck des Altars. Verschiedenfarbige Rhythmiktücher zum symbolischen Formen einiger „Geschenke“. Kerzen oder Teelichter für die Kinder der Spielgruppe oder für alle Kinder, die zum Gottesdienst versammelt sind. Instrumente: 8 △ SG.

Eröffnungslied: Der helle Tag bricht an

T.: Nach einem alten Morgenlied. M.: Herbert Beuerle 1978 und Ostinati ad lib.

© Burckhardthaus-Laetare Verlag, Gelnhausen

Themenverweis

P verweist nach der Begrüßung der Kinder auf Situationen im Leben, bei denen Menschen keine Geduld mehr haben und so manches als sinnlos ansehen. Der Gottesdienst erzählt davon, daß Suchen und Ver-trauen auf Gott im Leben einen Sinn haben.

Besinnung

K: Gott, unser Vater! Manchmal geben wir auf. Wir denken: Da kann man ja doch nichts machen. Papa ist eben so. Mama wird sich auch nicht ändern. Und ich mag auch nicht. Warum soll gerade ich mich ändern? Es ist immer das gleiche. Manchmal könnte ich aus der Haut fahren.

Einstimmig:

Eltern: Gott, unser Vater! Manchmal geben wir auf. Wir denken: Da kann man ja doch nichts machen. Die Kinder sind eben so. Sagen lassen wollen sie sich doch nichts. Aber solange ich noch Herr im Haus bin, schaffe ich an. Warum sollte ich mich ändern? Man wird doch von den Kindern etwas verlangen dürfen. Bei uns war das ganz anders. Aber heute: Was können wir denn schon Großes tun in der Politik, in der Wirtschaft. Wir werden doch nicht gefragt.

Gemeinsam: Es ist immer das gleiche. Manchmal könnte man aus der Haut fahren.

Als Kanon:

Gebet

P: Wir haben unsere Sorgen vor dich gebracht, Gott, unser Vater! Schau sie an und zeig uns, wo wir Aus-reden gebrauchen, weil wir zu müde sind, nach neuen Wegen zu suchen. Verzeih uns unsere Schuld und gib uns Mut und Kraft, neu anzufangen.

Katechese

A. ZUR MITTE KOMMEN UND SICH ÖFFNEN

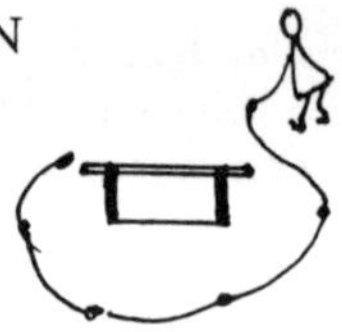

Eine Gruppe von Kindern wird aufgefordert, mit Seilen oder Tüchern einen Kreis um den Altar zu legen, ein rundes Feld abzustecken, zu umgrenzen.

KL horcht, welche Bestimmung die Kinder in den Bänken dem Kreis geben.

KL sagt: Der Kreis, das abgesteckte Feld, könnte vieles bedeuten. Für uns soll es heute ein Haus sein. Dieses Haus hat auch eine Mitte.

Der KL weist die Kinder darauf hin, daß in diesem Haus in der Mitte etwas steht: der Altar. Diese Mitte deckt eine Gruppe von Kindern mit dem Altartuch und schmückt sie mit Blumen.
Ein Kind entzündet eine Kerze (evtl. die Osterkerze) und stellt sie mitten auf den Altar.

Dann regt der KL alle Kinder der Gemeinde an, die Augen zufallen zu lassen und an etwas Schönes zu denken. (Eine Orffgruppe kann dezent das „Träumen" durch leises Glockenspiel untermalen!)

Die Gemeinde wird angeregt, die Hände zur offenen Schale zu formen. Jeder soll sich etwas Schönes hineinwünschen, etwas, was man auch anderen schenken könnte und was Freude macht, oder was man selbst geschenkt bekommen möchte.
Die Kinder sprechen ihre Vorstellungen aus. Der KL oder der Kantor kann durch Klangzeichen mit Triangel oder Fingercymbeln die Aussagen der einzelnen einleiten und in gewissem Maße hervorrufen.

Jedes Kind, das etwas gesagt hat, wählt sich ein Tuch verschiedener Farbe, formt es zu einem Geschenk und legt es geformt auf den Altar um die Kerze. Das geschieht einzeln, nacheinander, und wird von meditativer Musik begleitet.

B. DIE FROHE BOTSCHAFT

KL oder P beginnt nun mit der Erzählung von der Darstellung Jesu im Tempel. Identifikationsgestalt soll Simeon werden:

Erzählung

Das Kind – Jesus – ist schon acht Tage alt. Da nehmen es seine Eltern, sein Vater, seine Mutter, auf den Arm. Sie tragen es in das Gotteshaus, in den Tempel hinein.
Das Kind soll den Namen erhalten, den der Engel genannt hatte, als er bei Maria war, den Namen Jesus.
Die Eltern sind dankbar. Sie wissen, alles, was wir sind und haben, kommt von Gott. Er schenkt uns das Leben. Er hat uns auch das Kind geschenkt.
Sie halten ihre Hände auf. Sie wollen sagen: Alles gehört dir, Gott. Alles ist dein.
Sie halten das Kind empor und sprechen: Auch dieses kleine Kind ist dein, großer Gott.
Sie bringen ein Geschenk mit in den Tempel, zwei weiße Tauben, das Opfer armer Leute. Das Geschenk soll Zeichen sein, daß alles von Gott kommt, daß alles sein eigen ist.
Ein Mann lebt in der Stadt. Simeon heißt er. Er ist schon alt. So manches hat er in seinem Leben erfahren: Gutes und Böses. Jeden Tag kommt er in den Tempel, um zu beten. So betet er:

> Gott! Schicke uns einen Retter – einen Heiland! Sende uns einen, der Licht bringt in die Dunkelheit! Schicke uns den Messias!

Simeon hofft, daß er den Retter, den Heiland, noch selber schauen darf.
An dem Tag, an dem Maria und Josef das Kind in den Tempel bringen, spürt Simeon in seinem Herzen: Heute ist der Tag, an dem ich den Heiland schauen werde.

Bei der nun folgenden Erzählung sollen sich alle Kinder und die ganze Gemeinde mit Simeon identifizieren. Leise treten die Kinder unter meditativem Orgelspiel um den Altar. Die ganze Gemeinde erhebt sich.

Alle werden eingeladen, die Hände zu einer imaginären Schale zu formen und das Kind in den Händen zu halten. Die Kinder sollen sich vorstellen, wie das kleine Kind sie anschaut, ihnen zulächelt. Sie neigen ihr Gesicht zum Kind und äußern im Lied ihren Dank vor Gott. Jeder Liedruf eines Kindes (s. u.) soll von allen wiederholt werden. So fährt die Erzählung fort:

So geht Simeon in den Tempel. Er sucht nach Hoffnung und Freude. Er schaut nach einem Kind. Mitten unter den Leuten im Tempel findet er es: das Kind. Bei Maria findet er es. Er darf es auf seine Arme nehmen. Er trägt das Kind. Er spürt die Wärme des Kindes. Er spürt, wie es atmet. Simeon neigt sein Gesicht ganz nahe zum Kind. Das Kind lächelt ihn an. Simeon weiß: Ich trage das Leben in meiner Hand. Simeon fängt zu singen an:

Liedrufe (jeweils von allen wiederholt):
Jesus, Du bist jetzt da!
Jesus, ich freue mich!
Jesus, ich hab Dich lieb!
Jesus, Du machst mich froh!
Jesus, Du machst mich hell!

So ist Simeon voll Freude. Seine Augen, sein Gesicht strahlen. In ihm ist es ganz hell.

Simeonslied

T. u. M.: F. Kett

Refrain

Fürbittgebet

Für alle Menschen, junge und alte, die resigniert haben . . . daß sie Mut und Kraft finden und es als sinn-voll ansehen, nach neuen Wegen und Lösungen von Schwierigkeiten zu suchen.

Meditation: Lichterreigen

Die Kinder erhalten brennende Kerzen. Sie bewegen sich zu ruhiger Musik. Als Bewegungsformen werden vorgeschlagen:
- im Kreis gehen,
- zur Kreismitte gehen,
- das Licht behutsam – sorgsam halten,
- seine Wärme spüren,
- das Licht nach oben führen,
- das Licht nach außen führen und den Menschen zeigen,
- das Licht bei den Gaben in der Kreismitte abstellen.

Danach können auch die Kinder in den Bänken gegenseitig ihre Kerzen entzünden.

Schlußgebet

P: Gott, unser Vater! Du willst, daß wir unser Leben in die Hand nehmen, daß wir die Erde gestalten zu einem Stern, auf dem es sich leben läßt, auf dem alle satt werden und keiner hungert; wo jeder Arbeit findet und Wohnung; wo Friede herrschen, Gerechtigkeit und Liebe. Weil du das willst, hast du uns Jesus Christus gesandt, daß wir in seinem Geist unser Leben und die Erde gestalten, damit alles erblüht, damit Leben sich entfalten kann nach dem Beispiel Jesu Christi, deines Sohnes, der . . .

Schlußlied: Der Herr wird sein Volk segnen

T.: Psalm 29, 11b, M.: Herbert Beuerle 1977.
© Verlag Singende Gemeinde, Wuppertal

II. Ein-leuchtendes Leben

Gleich einem Leuchtturm für viele ist das Leben Jesu Christi. Es könnte einem aber auch einleuchten, gleichsam innerlich klarwerden, daß Jesus und Leben etwas miteinander zu tun haben.
Leben ist nicht nur ein Wort. Leben umfaßt nicht nur die Spanne zwischen Geburt und Tod. Leben hat auch zu tun mit der Qualität des Daseins: Höhen und Tiefen, Licht und Dunkel, Freude und Trauer, Lust und Unlust, Sinn und Un-sinn, Mut und Angst . . ., alle Gegensätze umspannt das Leben.
Nichts beiseite zu lassen, mit allem um-gehen zu lernen, wer zeigt es Menschen deutlicher als der, der mit dem Schöpfer selbst eins ist, Jesus – der Christus!

In Jesus die Mitte suchen und finden

Zielvorstellung

Dieser Gottesdienst möchte Jesus Christus als Mitte christlichen Lebens erfahrbar machen und feiern.

Vorüberlegung

Eine Mitte ist ein Punkt, auf den sich alles Umliegende konzentriert. Eine Mitte ist ein Punkt, von dem alles Formende und Gestaltende für die Umgebung ausgeht.
Was der Mensch zur Mitte seines Lebens macht, bestimmt auch die Lebensgestaltung, formt das ganze Leben. Was die Umwelt Kindern als lebenswichtig und -notwendig vor-lebt und wie sie es tut, wird Kinder prägen.
Christliche Erziehung will immer Prägung auf Gott hin sein, in der Überzeugung und Erfahrung, daß damit in den Menschen der fruchtbarste Kern zur individuellen Entfaltung und Gestaltung der Schöpfung grundgelegt ist.

Vorbereitung

Eine Gruppe von Kindern malt als große runde Scheibe ein Bild, das die Erdkugel darstellt. Wir benötigen eine Plakatwand, an die dieses Bild zu heften ist. Ein Kind trägt zur Erzählung eine Christusikone, ein anderes voran die Osterkerze. Das Christusbild wird in der Mitte der Weltkugel angebracht, die Osterkerze davorgestellt. Weiter benötigen wir Instrumente: ⊥⁄ □–□ // △ SG AG AX Flöte. Alle Kinder der Gemeinde werden zum gemeinsamen Spiel eingeladen.

Eröffnungslied: Erde, kleines Schaukelschiff

T.: Wilhelm Willms, M.: Ludger Edelkötter.
© impulse-musikverlag, 4406 Drensteinfurt,
erschienen auf der LP „Biblische Spiellieder zum äthiopischen Hungertuch"

2. Erde, großes Menschenschiff,
   nußschalenklein,
   wer wird durch Gefahren groß
   unser Lotse sein?
3. Erde, gutes Mutterschiff,
   Arche, fragenvoll,
   sag doch einer, wie und wann
   alles enden soll?
4. Erde, kleines Schaukelschiff,
   sieh, wer zu dir steigt,
   frag ihn, ob er weiterweiß
   und die Richtung zeigt.
5. Erde, kleines Schaukelschiff,
   nußschalengroß,
   treibt durch dunklen Weltenraum,
   der so uferlos.

Themenverweis

P begrüßt die versammelte Gemeinde. Er verweist auf das allen sichtbare Bild an der Plakatwand. Dazu spricht er etwa: Die Erde ist der Stern, auf dem wir leben. Sie ist unsere Heimat. Auf diese Erde, zu uns Menschen, schickte Gott seinen Sohn, damit er für die Menschen zur Mitte, zum Weg, zum Licht wird. Davon will der Gottesdienst heute etwas deutlich machen.

Besinnung

P leitet die Gemeinde an nachzudenken, wer oder was für jeden einzelnen in seinem Leben das Wichtigste ist. Nach einer Zeit der Stille:

Gebet

P: Gott, unser Vater! Bunt ist unsere Erde. Helles und Dunkles gibt es auf ihr. Und es ist oft schwer, das Wichtige und Richtige vom Unwichtigen und Falschen zu unterscheiden. Beides wächst in unserem Leben. Gib uns einen klaren Verstand, ein fühlendes Herz, tätige Hände, daß wir uns von dir, der Mitte der Welt und unseres Lebens, führen und leiten lassen, durch Jesus Christus, deinen Sohn, der . . .

Katechese

A. WELT IN IHRER VERSCHIEDENARTIGKEIT ERFAHREN

Eine Kindergruppe hat ein buntes Kreisbild entworfen und an eine Plakatwand geheftet, die für die ganze Gemeinde sichtbar ist.
KL fragt die Kinder nach ihren Assoziationen: Das Bild könnte sein: Zirkusdach, Windrad, Kaleidoskop, Erde mit Ländern und Völkern . . .
KL greift das Bild der Erde auf und versucht, an den einzelnen Farben mit den Kindern die Welt in ihrer Verschiedenartigkeit zu entdecken.

TEXT	SPIELANLEITUNG	MUSIK
KL: Über die Erde spannt sich der Himmel von einem zum anderen Ende.	Die Kinder spielen mit ihren Händen, wie sich der Himmel wölbt.	
Jeden Morgen geht am Himmel die Sonne auf.	Sie stellen mit ihren Händen dar, wie die Sonne aufgeht.	SG
Sie schickt ihre Strahlen, und es wird Tag. Sie schickt ihre Wärme, und alles fängt an, sich zu öffnen und ihre Kraft in sich aufzunehmen. Ohne Wärme und Licht gibt es kein Blühen der Blumen und Bäume, und alles Leben hält sich verborgen.		AG
Die Sonne kann aber auch die Erde versengen. Der Boden kann austrocknen. In der Glut der Sonne verdorrt vieles, und Pflanzen, Tiere und Menschen können verdursten.		
Vom Himmel kommt aber auch der Regen. Regen bringt Segen, sagen die Leute. Und wirklich: Der Boden wird weich und durchlässig. Wasser dringt tief	Die Kinder zeigen mit ihren Händen den Regen, der vom Himmel kommt.	AX

in die Erde und tränkt das durstige Erdreich. Wasser sprudelt aus der Tiefe; und klare Quellen spielen im Licht der Sonne.		
Wenn es aber zuviel regnet, dann steigt das Wasser in den Bächen und Flüssen. Das Wasser kann alles überschwemmen. Es kann alles fortspülen und vernichten. Wenn das Wasser aber in seinen Grenzen bleibt, dann kann es helfen zum Leben.	Mit den Händen das Steigen der Flut, die Wellen und Wogen darstellen.	
Dann wird auch die Erde wie eine Mutter. Sie bringt Gras hervor und Blumen, Sträucher und Bäume. Vieles wächst auf der Erde.	Die Kinder lassen mit ihren Händen zeichenhaft etwas wachsen. KL fragt einige, was sie „wachsen" ließen.	SG ↗
Aber eines Tages werden die Blumen welk. Die Bäume verlieren ihre Blätter. Sie fallen zur Erde. Sie werden zu Staub. Ähnlich ist es auch mit den Menschen. Kinder werden gezeugt. Sie wachsen im Leib der Mutter. Sie haben es warm und gut.	Die Kinder lassen ihre Hände sinken.	SG pent. oder ↙ SG ↗
Aber dann kommt der Tag, da wollen sie heraus aus dem Dunkel. Sie werden geboren. Sie erblicken das Licht der Welt. Sie werden langsam groß, lernen viel und werden erwachsen. Vieles denken und wünschen sie. Sie entdecken und erobern.		
Doch manchmal kommt es auch vor, daß sie wenig Kraft haben. Sie werden traurig und müde, lassen den Kopf hängen, die Schultern und die Arme. Alles wird ihnen schwer, sehr schwer.	Die Kinder ahmen die Haltung pantomimisch nach.	SG ↙ oder pent.
Und es kommt die Zeit, wo sie alt werden und vielleicht auf der Bank sitzen vor dem Haus, wo sie nachdenken über ihr Leben. Die Zeit läuft immer schneller. Nur noch wenig bleibt ihnen, wenig Zeit halten sie in ihren Händen. Die Kraft schwindet immer mehr. Bald können sie nicht einmal mehr sitzen, nur noch liegen.		
Manchmal kommen dann junge Menschen und sagen: Die Sonne scheint, und sie bringen Blumen. Die alten Menschen		

freuen sich, weil sie wieder ein Stück Leben spüren.
Doch dann kommt die Zeit, da wird die Kraft immer weniger. Sie reicht nicht einmal mehr zum Liegen. Dann wird der letzte Atem ausgehaucht.
Andere Menschen sind traurig und lassen den Kopf hängen. Sie sind nieder-geschlagen, nieder-gedrückt vom Leid, von ihrer Traurigkeit oder Schuld.
Aber es gibt auch wieder Tage, wo jeder aufatmen kann, aufleben und sich aufrichten.

Die Kinder dehnen und strecken sich. Sie richten sich auf.
Sie rufen gemeinsam, wiederholend:

Die Menschen sagen: Gott sei Dank!
Das Leben kann auch schön sein. Menschen können sich freuen und ein Fest feiern. Sie können in die Hände klatschen und vor Freude singen.

A.: Gott sei Dank!
Die Kinder werden angeregt, in die Hände zu klatschen. Es kann auch der Kanon „Danket, danket dem Herrn" (GL 283) eingefügt werden.

Es gibt aber auch Menschen auf dieser Erde, die beneiden einander. Sie leben in Haß und Streit. Sie führen Kriege.
Wir aber wollen jetzt einander bei der Hand nehmen, uns etwas wünschen und sagen:
Der Friede sei mit uns.

Alle Kinder nehmen sich bei den Händen und wiederholen:
Der Friede sei mit uns.

B. DIE FROHE BOTSCHAFT

KL oder P setzt fort:
Auf diese Welt, angefüllt mit
Licht und Dunkel,
Leben und Tod,
Liebe und Haß,
Krieg und Frieden,
ist ein Mensch gesandt.
Jesus ist sein Name. Jesus von Nazareth. Er soll unser Leben teilen. Er will einer von uns werden. Er kommt von Gott.

Kinder tragen in einer kleinen Prozession ein Christusbild, eine Ikone, voran die Osterkerze. So umschreiten sie zur Musik oder einem Lied den Altar. In die Mitte des Kreisbildes an der Plakatwand heften sie das Christusbild. Davor stellen sie die Osterkerze ab. — Flö + AX pent. oder Orgel

Danach erzählt KL oder P weiter.

KL oder P:

Jesus zog mit seinen Freunden durch die Dörfer und Städte. Überall, wohin Jesus kam, öffneten die Menschen ihre Fenster und Türen. Sie kamen aus ihren Häusern heraus und öffneten ihre Augen, ihre Ohren und ihre Herzen. — AX pent.

Sie wollten Jesus *anhören.*
Sie spürten: Was Jesus sagt, macht uns froh. Jesus gibt uns Mut zum Leben. Jesus sagt: Unser Gott ist ein guter Vater. Er liebt uns. Er ist wie ein guter Hirte. Er geht uns nach, wenn wir nicht mehr ein und aus wissen. Er läßt uns nicht im Stich. Er will, daß wir voll Freude sind. Er ist ein Gott der Freude.
Und die Menschen atmeten auf und wurden froh.
Sie wollten Jesus *anschauen.*
Wenn man einen Menschen ansieht, spürt man, ob das, was er sagt, aus dem Herzen kommt. Man sieht es seinen Augen, seinem Gesicht an, ob er die Wahrheit spricht.
Sie wollten Jesus *anrühren.*
Denn die Menschen spürten: Von Jesus geht eine Kraft aus, die macht gut, die heilt.
Sie *übergaben* Jesus das Liebste, was sie hatten, ihre Kinder. Und Jesus nahm die Kinder in die Arme und segnete sie.
So spürten sie: Jesus ist gut. Gott ist gut. Gott ist gut, von dem Jesus kommt. Jesus ist in unserer Mitte. Das Licht, das Leben ist mitten unter uns. Gott ist mitten unter uns.

Liedrufe:

Mit Jesus kommt das Licht zu uns. Amen! Alleluja!
das Leben
die Liebe
die Befreiung
der Friede

Fürbittgebet

Für alle Regierenden auf dieser Erde, daß sie in ihren Entscheidungen zum Frieden der Welt beitragen. Für alle, die Leid tragen, daß sie in Jesu Leiden und Tod Trost und Kraft finden. Für uns selbst, daß wir uns an Jesus orientieren, an seinen Worten und Taten, daß wir Gottes Auftrag für unser Leben und unsere Welt erfüllen können.

Meditation

Wir singen zur Vertiefung:

Du bist unsere Mitte

T.: F. Kett, M.: K. Gräske

2. Auch unsre Erde, auf der wir alle leben,
rund ist sie, rund zieht sie ihre Bahn.
Rund gehn auch wir jetzt. Wir gehen im Kreise.
Wir fassen die Hände und sagen dann:

Schlußgebet

P: Gott, unser Vater! Du hast uns Jesus gesandt, deinen Sohn. In Jesus wurdest du sichtbar, deine Zuwendung zu uns Menschen, deine Liebe und Güte, deine Hoffnung und dein Friede für alle. Mit Jesus und in ihm kamst du in unsere Mitte. Bleib in unserer Mitte als unser Weg, als unser Licht, daß wir dich loben und preisen für Jesus Christus, deinen Sohn, der . . .

Schlußlied: Lobt den Herrn auf Straßen

2. Lobt den Herrn, ihr Jungen und ihr Alten! Halleluja. Halleluja.
   Lobet ihn, denn er ist unsre Hoffnung! Halleluja. Halleluja.
3. Lobt den Herrn am Morgen und am Abend! Halleluja. Halleluja.
   Lobet ihn, denn er ist unsre Freude! Halleluja. Halleluja.
4. Lobt den Herrn, ihr Völker und Nationen! Halleluja. Halleluja.
   Lobet ihn, denn er ist unser Leben! Halleluja. Halleluja.

Sich des Auftrags bewußt werden (Taufe Jesu)

Zielvorstellung

Die Erzählung von der Taufe Jesu soll das eigene Leben als Weg der Entfaltung in Gott erkennbar werden lassen.

Vorüberlegung

Auftrag, Taufe und Bewußtsein haben also etwas miteinander zu tun. Am Anfang sind es die Eltern, die die Entscheidung treffen, daß ihr Kind zur Gemeinde Jesu Christi gehören soll. Mit dieser Entscheidung bekunden sie den Glauben, daß Gott, daß Jesus Christus im Leben ihres Kindes eine entscheidende Rolle spielt.
Ein solches Tun ist entwicklungspsychologisch gesehen realistisch, denn geprägt werden unsere Kinder immer, wenn nicht von einer christlichen Erziehung, dann von einer anderen, wie auch immer gearteten. Prägend wird auch die Vorbildwirkung der Eltern oder anderer Bezugspersonen sein.
Im Laufe der Zeit aber müssen die Kinder die Entscheidung ihrer Eltern immer wieder selbst bewußt nach-holen, müssen selbst einen Sinn darin finden, christlich zu leben.
Helfen wir ihnen zu diesem bewußten Schritt?

Vorbereitung

Die Feier wird von einer Gruppe von etwa zehn Kindern vorbereitet. Wir benötigen: einige blaue Rhythmiktücher, die Wasser darstellen sollen. Steine zum Legen eines Brunnens. Eine große Glas- oder Keramikschale, ein gläsernes Wasserkännchen, die Osterkerze und Kerzen für jedes Gruppenmitglied zu einem Lichtertanz.
Instrumente: ⊥ SG AX Flöte.

Eröffnungslied: Singt dem Herrn ein neues Lied

Themenverweis

P begrüßt die Kinder und verweist darauf, was Leben bedeutet: wachsen, sich entfalten. Das ist nicht immer einfach. Oft sind Not und Schmerz die Begleiter. Wie kann man da bloß hindurchkommen? Gut, daß es einen gibt, der uns das zeigt!

Besinnung

P regt an, in Stille nachzudenken über das, was jeder einmal werden möchte. Er führt die Kinder weiter, damit sie auch über die Hindernisse auf ihrem Weg zum Lebensziel nachdenken.

Gebet

P: Gott, unser Vater! Du liebst das Leben. Die Erde hast du belebt durch Pflanzen, Tiere und durch uns Menschen. Wir danken dir für unser Leben, daß wir atmen dürfen, daß unser Herz schlägt, daß wir da sind und daß wir nicht allein sind. Aber wir sind noch nicht fertig. Unser Leben will sich verändern, will wachsen. Zeig uns die Richtung. Richte unseren Blick auf Jesus Christus, deinen Sohn, der . . .

Katechese

A. DAS ZEICHEN DES WASSERS UND DER MENSCH

Einige Kinder zeigen der Gemeinde ein blaues Tuch,
legen es auf dem Altar ab und formen es rund.

KL: In unserer heutigen Geschichte gibt es ein Zeichen. Das Blau erinnert uns

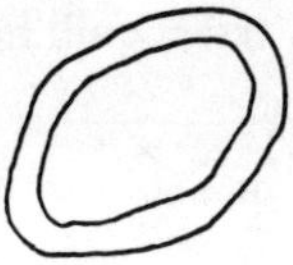

an den Himmel,
an einen See,
an Quellen, Bäche und Flüsse,
an das Meer,
an Wasser.

Kinder können das blaue Rund mit Steinen einfassen.

KL: Mit Steinen eingefaßt, erinnert uns das Blau an einen Brunnen. Vielleicht könnt ihr einen Augenblick eure Augen zufallen lassen, ganz locker zufallen lassen . . .
Versucht euch einen Brunnen vorzustellen.

SG
oder
pent.

Weit reicht er in die Tiefe. Ein Stein, ein Licht fällt lange und langsam in die Tiefe. Tief unten aber ist klares, frisches Wasser.
Wasser schenkt Leben:

den Pflanzen, den Tieren, den Menschen.

Wasser reinigt, was schmutzig ist.
Wasser erfrischt den, der müde und abgespannt ist.
Wasser löst, was verhärtet ist, es macht weich und durchlässig.
Wasser schenkt neues Leben.

Kinder bringen eine Glas- oder Tonschale, die mit Wasser gefüllt ist, und stellen sie auf das blaue Rund.
KL: Die Schale ist gefüllt mit Wasser. Noch ist es in Bewegung. Wir wollen ein wenig warten, bis es ruhig ist . . .
Vielleicht können wir mit dem Wasser selbst ruhig werden:

unsere Hände, unsere Füße, unser ganzer Leib, unser Herz.

Wir wollen jetzt in Ruhe zuschauen, was einige Kinder tun:
Kinder tauchen vorsichtig ihre Hand in das Wasser.

Ein Kind schüttet vorsichtig einem anderen mit einem kleinen Krug Wasser über die Hand.

Lied: Wasser, quill hervor

T. u. M.: F. Kett

2. Alles, was da grünt,
blüht und Frucht uns bringt,
wächst, entfaltet sich,
Wasser es durchdringt.

3. Wasser stillt den Durst,
macht uns frisch den Leib
und erfüllt uns neu
mit Lebendigkeit.

4. In der Taufe wird
Leben uns zuteil,
Gottes Liebe und
seine Kraft, sein Heil.

5. Aus dem Wasser und
aus dem Heilgen Geist
sind wir neu geborn,
Gott sei Lob und Preis.

B. DIE FROHE BOTSCHAFT

KL oder P verkündet die Frohe Botschaft. Im Verlauf der Erzählung wird eine Kerze (Jesuskerze, Osterkerze) entzündet und in Anlehnung an die Liturgie der Osternacht ins Wasser getaucht.

Die Luft über der Stadt ist staubig. Die Straßen der Stadt sind schmutzig. Die ganze Stadt ist wie eine Wüste – aus Stein. Menschen gehen achtlos aneinander vorbei. Sie grüßen einander nicht. Sie haben füreinander keine Zeit. Jeder geht seinen eigenen Weg. Einer versteht den anderen nicht mehr. 

Viele leben miteinander in Streit: Eltern untereinander, Eltern mit ihren Kindern, Kinder mit ihren Eltern.
Manche haben aufeinander Neid. Andere sind gegeneinander voll Haß. Aus den Gesichtern – aus den Augen kann man es lesen:
Viele Menschen sind ohne Freude. Sie sind unglücklich über sich, über ihr Leben. Sie möchten, daß etwas anders wird in ihrem Leben. Wer zeigt ihnen einen Ausweg?

Draußen, weit vor der Stadt, fließt der Fluß. Er schlängelt sich durch eine Wüste aus Sand. Was seine Wasser benetzen, beginnt zu leben, zu grünen. Wohin seine Wasser dringen, eindringen, dort wachsen Gräser, Blumen, Sträucher, Bäume. SG ↗ ↙

Am Fluß steht ein Mann. Es ist ein Gottesmann – ein Prophet. Johannes ist sein Name. Er ist der Rufer in der Wüste. Er zeigt den Menschen einen Weg aus ihrer Not.

> Kehret um, ruft er.
> Bekehret euch! Fangt neu an!
> Was uneben ist, soll eben werden!
> Was krumm ist, soll gerade werden!
> Nahe ist der, der euch Licht ist.
> Bald kommt der, der euch befreit.
> Nahe ist der Herr.

Viele Menschen kommen aus der Stadt zu Johannes. Sie horchen auf den Rufer in der Wüste. Sie werden bereit, umzukehren. Sie wollen neu werden. Johannes taucht sie in den Fluß. Er taucht sie tief unter. Er tauft sie. Das bedeutet:

> Das Wasser vernichtet das Böse.
> Es macht rein.
> Wer aus dem Wasser aufsteigt, hat das Dunkle abgelegt.
> Er beginnt ein neues Leben.
> Aus dem Wasser kommt alles Leben.

Einer kommt in die Wüste. Er kommt zu Johannes und will getauft werden, Jesus von Nazareth. Noch kennen ihn die Menschen nicht. Sie wissen nicht, daß er der Messias ist. SG pent.

Johannes spürt es: Dieser ist ohne Sünde. Er ist rein. Er ist heilig. Jesus braucht die Taufe nicht.
Jesus aber sagt: Ich will es. Jesus will den Menschen ein Zeichen geben. Er will sagen: Laßt vom Bösen ab! Kehret um und werdet neu! Werdet neu durch das Wasser, durch die Taufe!

Johannes taucht Jesus unter. Jesus taucht wieder empor. Die Sonne bricht durch die Wolken. Die Menschen ringsum hören eine Stimme. Kommt sie von innen, kommt sie von außen – wir wissen es nicht. Die Stimme sagt: SG ↗↙ + pent.
Dies ist mein lieber Sohn. Auf ihn sollt ihr hören. Jesus sollt ihr folgen. Er ist euch Licht. Er ist euch Weg. Er ist euch Leben.

Den Menschen gehen die Augen auf. Sie spüren:
Gottes Kraft ist über Jesus gekommen. Jesus ist ganz erfüllt vom Geist Gottes. Gott ist mit Jesus. Jesus ist mit Gott. Jesus ist Gottes Sohn.
Jesus aber beginnt, durch die Städte und Dörfer zu ziehen. Er sagt den Menschen: AX
Gott ist mitten unter uns. Öffnet ihm euere Herzen und laßt ihn ein.
Menschen beginnen auf Jesus zu hören. Menschen ziehen mit ihm mit und werden seine Freunde, Jünger. Sie sagen:
Jesus ist unser Licht. Er ist unser Weg. Er ist unser Leben.

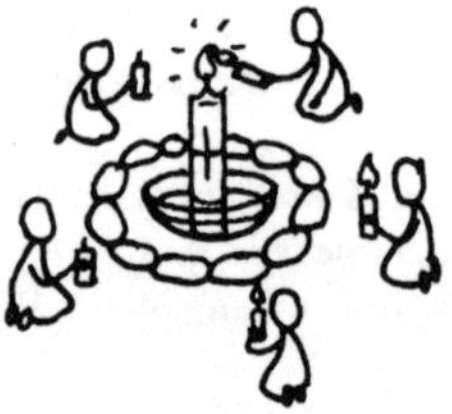

Jedes Kind erhält eine Kerze. Sie wird an der Jesuskerze/Osterkerze entzündet. Flö solo impr.

P deutet die Handlung:
Licht hat etwas mit Gott zu tun, mit seinem Leben.
So wie das Leben verborgen ist in den Steinen, den Blumen und Tieren, in den Menschen, so ist Gott verborgen.
Wie das Licht der Sonne alles aus dem Dunkel hebt, sichtbar macht und glänzen läßt, so gibt der verborgene Gott allem Leben seine Kraft und seine Bestimmung.

Gott ist wie das Licht. Gott ist das Leben.
Bei der Taufe hast du ein Licht bekommen. Durch die Taufe gehörst du zu Gott. Du gehörst zu Jesus Christus. Sein Leben soll dich erleuchten, es soll in dir und aus dir leuchten.
Strahlend und fröhlich soll dein Leben sein, in Jesus Christus, mit ihm und durch ihn heute und für alle Zeit.

Die vielfältigen Erfahrungen der Kinder werden in einem Reigentanz zum Gebet verdichtet.

Anleitung:

- Wir halten das Licht ganz hoch, zur Sonne – zu Jesus – zu Gott, von dem das Licht kommt. Wir danken Gott für das Licht.

- Wir gehen mit dem Licht ein Stück zur Mitte. Jesus – Gott – steht in der Mitte unseres Lebens.

- Wir stellen das Licht langsam auf die Erde, auf den Boden, der uns trägt und hält.

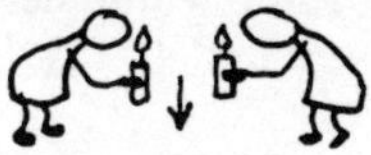

- Wir nehmen das Licht wieder auf. Wir tragen es nach außen. Wir tragen es zu den Menschen, die mit uns leben.

- Wir halten das Licht seitwärts. Wir tragen es rundherum in die ganze Welt, damit alle Menschen erfahren:
  Von Gott kommt das Licht,
  von Gott kommt das Leben.

Fürbittgebet

Für alle, die mit der Welt und sich unzufrieden sind, daß sie Sinn und Ziel finden, Mut und Kraft, ihr Leben immer wieder neu aus Gott nach dem Vor-bild Jesu Christi zu gestalten.

Meditation

Zur Meditation wird das Lied vom Wasserquell gesungen. Zwischen den einzelnen Strophen kann folgender Text meditiert werden:

K_1: Da ist eine Quelle, ein Brunnen – Wasser sprudelt daraus hervor, silbern glänzend in den Strahlen der Sonne.

K_2: Da ist ein Fisch in seinem Element. Wasser bedeutet für ihn Leben. Weißt du, daß im Wasser das erste Leben geworden ist, daß aus dem Wasser das Leben kommt?

Lied: Wasser, quill hervor (S. 72)

Kehrvers und 1. Strophe

K_3: Wasser strömt und verströmt sich in alle vier Himmelsrichtungen. Die Wurzeln der Blumen, der Sträucher, der Bäume – alle werden getränkt. Blüten öffnen und entfalten sich. Früchte werden daraus.

Kehrvers und 2. Strophe

K_4: Wasser tränkt die Erde. Das Korn kann wachsen. Ähren reifen. Brot wird gebacken. Täglich liegt es auf unserem Tisch. Brot für das Leben.

K_5: Der Weinstock wächst. Die Trauben reifen. Traubensaft wird aus ihnen gepreßt. Wein wird daraus und steht dann auf unserer Festtagstafel. Wein der Freude.

Kehrvers und 3. Strophe

P: In der Taufe wurdest du im Namen Jesu mit Wasser übergossen. In der Taufe wurde der Anfang gemacht zu einem Leben in seinem Namen.

Kehrvers und 4. + 5. Strophe

Schlußgebet

P: Wir sind getauft auf den Namen deines Sohnes Jesus Christus. Darum heißen wir Christen. Aber sind wir es auch? Das Leben mit Jesus ist kein Spiel. Was er dachte, was er redete, was er tat, zog Menschen an und forderte andere zum Widerspruch heraus. Wenn wir nach seinem Willen leben, werden viele Menschen uns schätzen, andere werden uns widersprechen. Schenk uns dann trotzdem den Mut, auf der Seite Jesu Christi zu stehen, deines Sohnes, der ...

Schlußlied: Herr, unser Gott

Sich für Gott entscheiden (Versuchungsgeschichte)

Zielvorstellung

In der Gestaltung der Versuchungsgeschichte soll den Kindern die leitbildhafte Bedeutung Jesu für lebens-wichtige Entscheidungen deutlich werden.

Vorüberlegung

Sich gegen Gott zu entscheiden, ist ein verhängnisvoller Rückschritt. Denn Gott ist das Leben. Psychologen nennen diesen Schritt Regression. Aber Regression ist auch eine Fähigkeit: lieber mit Bedacht aus einer gefährlichen Bergwand auszusteigen, als zu risikoreich weiterzuklettern und am Ende nicht den Gipfel, sondern den Tod zu erreichen. Wer auch „rückschrittlich“ sein kann, hat die Fähigkeit, sich erneut *für* das Leben, für Gott zu entscheiden. Dinge und Menschen, die unseren Kindern das Blaue vom Himmel versprechen, gibt es in unserer Gesellschaft zur Genüge. Ob sie auch immer das Kind und die Gesellschaft weiterbringen, ist zumindest frag-würdig.

Vorbereitung

Eine Gruppe von etwa zehn Kindern bereitet die Katechese vor. Wir benötigen: ein gelbes und ein schwarzes Rhythmiktuch. Plakate, auf denen deutlich zu lesen steht: 1. HABEN WOLLEN / 2. GELTEN WOLLEN / 3. BESTIMMEN WOLLEN. Bilder, selbst gemalt oder aus Illustrierten, können die einzelnen Themen der Plakate noch verdeutlichen. Weiter sind wichtig ein Erzähler, ein Kantor und Instrumente: ⊘ ⊟ SG AX BX, evtl. Flöte oder Trompete.

Eröffnungslied: Führe uns den Weg zum Leben

Themenverweis

P begrüßt Kinder und Eltern. Er verweist darauf, daß es für Menschen gut und richtig ist, wenn sie sich in ihrem Leben immer wieder zurückziehen an einen ruhigen Ort, um nachzudenken und zu planen, was für ihr Leben wichtig ist. Auch Jesus zog sich in die Einsamkeit der Wüste zurück. Dort begegnet er dem Dunklen, dem Bösen, dem Versucher. Er will Jesus von seiner Aufgabe abbringen, das Reich Gottes zu verkünden. Davon erzählt dieser Gottesdienst.

Besinnung

P leitet an: Wir wollen nachdenken, wo wir in unserem Leben dem Dunklen, dem Bösen begegnen – zu Hause, bei uns selbst, in der Familie, im Kindergarten, in der Schule oder am Arbeitsplatz, bei Freunden oder Fremden.
Wann will auch uns das Böse davon abbringen, daß wir selbst frohe Menschen werden und bleiben und andere froh machen?
– Stille –. In Abwechslung zwischen Schola und Vorsänger: Bekehret euch (GL 160, Str. 1, 2).

Gebet

P: Gott, unser Vater! Du hast uns Jesus gesandt: als Licht, wenn es um uns und in uns dunkel ist; als Weg, wenn wir nicht mehr ein noch aus wissen und ohne Orientierung sind; als Brot, wenn wir Kraft brauchen zum Leben. Laß uns an Jesus lernen, an seinen Worten und Taten, wie wir selbst zu guten und frohen Menschen werden können, zu deinen Kindern, durch unseren Bruder Jesus Christus, deinen Sohn, der . . .

Katechese

A. und B. sind in dieser Katechese dreimal mit Lebenshaltungen verknüpft.

Zwei Kinder halten ein gelbes Rhythmiktuch und treten ins Blickfeld der Gemeinde. Der folgende Text kann auf dem Glockenspiel untermalend begleitet werden.

SG

KL oder Sprecher

Manchmal ist es in unserem Leben hell in uns und um uns. Wir sehen klar. Wir haben ein Ziel. Wir wissen um den Weg. Wir spüren in uns Freude – Leben.

Zwei weitere Kinder treten mit einem schwarzen Rhythmiktuch vor das gelbe und verdecken letzteres.

AX

KL oder Sprecher

Manchmal ist es in unserem Leben finster. Wir sehen uns nicht hinaus. Wir sind niedergeschlagen – mutlos, möchten uns ins Dunkel verkriechen, um uns geborgen zu fühlen. Manchmal werden wir hin- und hergerissen. Wir spüren in uns Dunkles – Kräfte, die zerstören, Freudlosigkeit, Mißgunst, Haß, Neid.

Evangeliumserzähler (KL)

Heute möchte ich euch eine Geschichte erzählen, die berichtet, wie Jesus selbst dem Dunklen, Bösen, begegnet ist, wie Jesus versucht wurde; eine Geschichte, fast mehr für Erwachsene! Wenn ihr gut hinhört, könnt aber auch ihr vieles davon begreifen.

Ein Kind trägt langsam ein Plakat durch den Raum. Die Bildcollage trägt nebenstehende Aufschrift und weist Dinge auf, die für Kinder, Jugendliche oder Erwachsene begehrenswert sind (Stereoanlage – Motorrad usw.).

BX
pent.

KL oder Sprecher

Die Bilder zeigen, was wir alles haben wollen, dies – und noch viel mehr. Habenwollen ist gut. Welche unnützen Mittel setzen wir ein, ja, was tun wir nicht alles, damit wir bekommen, was wir haben wollen. Es frißt in uns der Neid, wenn andere etwas besitzen, was wir nicht haben.
Manchmal vergessen wir im Habenwollen das Leben – so richtig zu leben. Manchmal wird uns das Haben wichtiger als Gott oder das, was mit Gott zu tun hat: Vertrauen, Liebe, Hoffnung, Frieden und Freundlichkeit.

Evangeliumserzähler (KL)

Jesus war 40 Tage und Nächte in der Wüste. Er hat gebetet – gefastet. Er wollte Gott ganz nahe sein. Da trat der Versucher – der Böse – an Jesus heran: Du bist so hungrig! Verschaff dir Brot – dir – und allen Menschen!
Mach dich und alle satt mit dem, was man so braucht: Nahrung – Kleidung – Wohnung – Vergnügen. Macht euch so richtig satt!
Dann habt ihr genug. Dann braucht ihr nichts mehr. Dann fragt ihr auch nach nichts mehr.
Jesus aber erwiderte: „Nicht vom Brot allein lebt der Mensch, sondern von jedem Wort, das aus dem Munde Gottes kommt.“ Jesus verschaffte sich nicht Brot. Er verschaffte den Menschen nicht Wohlstand. Jesus blieb sein Leben lang arm.

Lied: Als unser Herr Jesus auf Erden lebte

T. u. M.: F. Kett

Ein zweites Plakat wird durch den Raum getragen. Es zeigt Menschen in geltungssüchtiger Pose und Gestik bzw. mit entsprechenden Attributen: z. B. Orden – Schmuck – extravagante Kleidung – schickes Auto – schweres Motorrad etc.

BX+

KL oder Sprecher

Wir möchten gerne etwas gelten. Jeder will das. Wir möchten bewundert – bestaunt werden. Das ist ganz normal. Wir möchten so etwas wie ein Star – ein Superstar sein. Aber: Was tun wir nicht alles, um uns Geltung zu verschaffen! Oft machen wir uns dabei lächerlich. Wir versuchen – um es bildhaft zu sagen –, auf den Händen zu gehen und mit den Füßen zu klatschen. Um zu gelten, mogeln und schwindeln wir. Es frißt der Neid an uns, wenn andere besser sind als wir. So muß es nicht sein.

Evangeliumserzähler (KL)

Der Versucher trat an Jesus heran und flüsterte ihm ins Ohr: Du mußt dich bemerkbar machen durch eine große, durch eine ungewöhnliche Tat! Du mußt ein großes Zeichen setzen, ein Spektakulum machen, einen Zirkus aufziehen. Dann werden die Menschen Augen und Ohren aufreißen über dich. Sie werden sagen: himmlisch – göttlich. Sie werden dich bestaunen – bewundern – anbeten. Du wirst etwas unter ihnen gelten.
Wörtlich heißt es im Evangelium: „Der Versucher nahm Jesus mit in die heilige Stadt, stellte ihn auf die Zinne des Tempels und sprach zu ihm: Wenn du Gottes Sohn bist, stürze dich hinab; denn es steht geschrieben: Seinen Engeln wird er dich anbefehlen, und sie werden dich auf ihren Händen tragen, damit du deinen Fuß an keinen Stein stoßest.
Jesus erwiderte: Du sollst deinen Herrn und Gott nicht versuchen."
Jesus wußte: Gott allein gehört Ehre und Anerkennung, nicht mir. Gott ist die Mitte – nicht ich.

Lied:

Als unser Herr Jesus auf Erden lebte,
da lebte er so, daß er sagen konnte:
Nicht mir soll gelten Ehre.
Die Ehre sei dem Vater.

Sein Reich soll zu uns kommen,
sein Wille geschehen.

Refrain: Jesus lebte arm . . .

Ein drittes Plakat wird vor die Gemeinde getragen. Es zeigt Menschen in Machtpose bzw. mit Zeichen der Macht ausgestattet.

BX+

KL oder Sprecher

Wir möchten gerne anschaffen – bestimmen – Macht haben – befehlen. Wer möchte das nicht!
Wir möchten gerne recht haben. Auch das ist gut. Aber darf dann nur unsere Meinung allein gelten? Müssen die anderen nur auf uns hören und uns folgen? Müssen wir unbedingt auch Gewalt anwenden, um uns zu behaupten?

Evangeliumserzähler (KL)

Der Versucher trat an Jesus heran und sagte ihm: Verschaffe dir selber Macht! Halte es mit den Mächtigen! Geld ist Macht. Besitz ist Macht. Ehre ist Macht. Waffen sind Macht. Wenn du den Gipfel der Macht erstiegen hast, werden sie alle auf dich hören, dir gehorchen. Bete die Macht an, und du wirst der Erste, der Größte sein!
Wörtlich heißt es im Evangelium: „Der Teufel nahm Jesus mit auf einen sehr hohen Berg und zeigte ihm alle Reiche der Welt und ihre Herrlichkeit und sagte ihm: Dies alles will ich dir geben, wenn du niederfällst und mich anbetest. Da sprach Jesus: Hinweg, Satan! Es steht geschrieben: Dem Herrn, Deinem Gott, sollst du huldigen und ihm allein dienen."

P deutet:

Jesu Worte blieben nicht leer. Jesus lebte so, wie er redete. Er diente dem Leben, er diente seinem Gott und machte erfahrbar, was Gott ist.
So liebte er die Welt und das Leben in ihr: den Tag und die Nacht, Sonne, Mond und Sterne, das kühle Wasser und die fruchtbare Erde, Blumen und Tiere und die Menschen.
Er lebte mit ihnen, besonders auch mit den Armen und Ausgestoßenen, mit denen, die entrechtet waren. Er achtete die, die man für klein und gering hielt. Er heilte die Kranken und sprach den Traurigen Mut zu.
Er machte die Menschen frei von der Macht des Bösen. Die Kinder nahm er in seine Arme und segnete sie. Und allen, die einfach auf Gott hören und ihm folgen, verhieß er das Himmelreich.

Lied:

Als unser Herr Jesus auf Erden lebte,
da lebte er so, daß er sagen konnte:
Vergib, mein Gott, doch allen,
die meiner spotten, lachen,
die blind sind, es nicht wissen,
was sie jetzt an mir tun.

Refrain: Jesus lebte arm . . .

Fürbittgebet

Für alle Mächtigen dieser Erde, daß sie ihre Macht gebrauchen, um Frieden und Gerechtigkeit zu stiften. – Für alle, die besitzen, daß sie die Not in der Welt sehen und bereit werden, von ihrem Überfluß abzugeben. – Für alle, die

Einfluß und Geltung haben, daß sie ihre Kräfte und Talente einsetzen für das Gute in der Welt, für Gott.

Zwischen den einzelnen Bitten kann jeweils einstimmig eine Strophe von „Vater unser im Himmel“ gesungen werden. Nach allen Bitten dann als Kanon.

Mündlich überliefert

2. Vater unser im Himmel,
Dein Reich soll zu uns kommen.
Wir preisen dich.

3. Vater unser im Himmel,
es geschehe dein Wille.
Wir rühmen dich.

Meditation

Der Kantor singt den Psalm 18 vor: GL 712, 2; eine Schola kann dazu den Kehrvers GL 712, 1 singen. Der Kehrvers kann auch mit Flöten- oder Trompetensolo geblasen werden.

Schlußgebet

P: Gott, unser Vater! Du führst uns hinaus ins Weite. Für deine Kinder willst du Freiheit und Fröhlichkeit. Darum hast du uns Jesus gesandt. Er zeigt uns deinen Weg. Er gibt uns die Gewißheit, daß du bei uns bist, wenn wir dem Dunklen, dem Bösen, begegnen. Wir danken dir für Jesus Christus, deinen Sohn, der . . .

Lied: Danket, danket dem Herrn (GL 283)

In Gott sein und aus ihm leben (Vater unser)

Zielvorstellung

In dieser Feier wird den Kindern die Grundhaltung Jesu – die Einheit mit dem Vater – als Ausgangspunkt und Endpunkt christlichen Lebens fühlbar.

Vorüberlegung

Daß viele Kinder heute unter Streit oder Scheidung ihrer Eltern leiden, ist bekannt. Daß kirchliche Gemeinden oft nicht fähig sind, Kindern und Jugendlichen das Gefühl der Zugehörigkeit zu geben, beweist das Abwandern vieler zu Sekten oder das immer stärker werdende Desinteresse an der Kirche.
Auch das Bild des Vaters ist leider bei vielen Kindern zu sehr mit Vorurteilen und schlechten Erfahrungen behaftet, als daß es sie beflügeln würde zum Anpacken ihrer Lebenssituation. Jedes Kind aber trägt in sich das Bild eines guten Vaters. Jedes weiß auch, was einen Mann zum Vater macht: Er ist es, der Leben zeugt und der sein Kind schützt, es am Leben erhält und zum Leben erzieht.
Das Väterliche ist einem Kind also lebensnot-wendig. So aber ist Gott, sagt Jesus. Du darfst zu ihm sagen: Abba! Papa, Väterchen! Ein Vertrauen darauf kann unseren Kindern schon helfen. Echt spürbar wird es ihnen aber erst dann, wenn sie auch in unseren Gemeinden Menschen finden, die ihnen wie Mama und Papa, wie Mutti und Vati, wie Jesus Christus selbst begegnen.

Vorbereitung

Am intensivsten hat sich diesmal der KL oder ein Erzähler vorzubereiten. Wir benötigen nur wenige Instrumente:
⧍ SG AX oder BX. Die ganze Gemeinde ist zum Mittun eingeladen.

Eröffnungslied: Herr, unser Gott (S. 76)

Themenverweis

P begrüßt Kinder und Erwachsene. Er verweist darauf, daß Menschen auch schlafen müssen. Sie brauchen Ruhe, um wieder Kraft zu schöpfen. Aber auch am Tag brauchen Menschen Zeiten und Orte der Stille. Und sie brauchen andere Menschen, bei denen sie sich ruhig, sicher und geborgen fühlen können. Alles Lebendige wächst in der Stille. Auch Jesus wußte das.

Besinnung

P leitet an, einen kurzen Augenblick ganz still zu sein und auf die Stille im Raum zu horchen.

Gebet

P: Gott, unser Vater! Mit der Stille im Leben werden wir oft nicht leicht fertig. Wir laufen lieber davon auf den Spielplatz, zum Fußball oder zur Freundin. Kassetten hören – das liegt uns mehr. Stille – die macht uns oft Angst. Zeig uns, wie Stille auch schön sein kann und uns neue Welten öffnet, Welten, die uns noch unbekannt sind. Öffne uns diese Welten durch Jesus Christus, deinen Sohn, der . . .

Katechese

A. WARUM RUHE NOT-WENDIG IST

KL erzählt vom Leben Jesu und seiner Wirkung auf die Umwelt.

Jesus zog mit seinen Freunden durch die Dörfer und Städte. Überall, AX
wohin Jesus kam, öffneten die Menschen ihre Fenster – ihre Türen. Sie oder
kamen aus ihren Häusern heraus und öffneten ihre Augen – ihre Ohren BX
– ihre Herzen.

Sie wollten Jesus *anhören.* Sie spürten: Was Jesus sagt, das macht froh. Seine Worte helfen uns zu leben. Jeden nimmt er ernst und zeigt ihm, was für sein Leben wichtig ist.

Jesus sagt: So ist auch Gott. Er macht alles, was lebt. Und nichts und niemanden läßt er im Stich. Er ist wie eine gute Mutter, wie ein guter Vater. Jeden hat er lieb. Jeder darf sich bei ihm wohl fühlen. Wie die Schäfchen bei einem guten Hirten. Er geht uns nach, wenn wir nicht mehr ein noch aus wissen. Er hält uns nicht mit Gewalt fest. Er kann uns auch loslassen. Er will, daß keiner allein ist, daß alle zusammengehören und miteinander fröhlich sind. Er ist ein Gott der Freude.

Da atmeten die Menschen auf, dachten nach und wurden immer fro- AX
her. oder
Sie wollten Jesus *anschauen.* Wenn man einen Menschen anschaut, spürt BX
man, ob das, was er sagt, auch wahr ist. Man sieht es an seinen Augen, an seinem Gesicht, ob er die Wahrheit spricht.

Sie wollten Jesus *anrühren und mit ihm leben.* Die Menschen spürten: Von ihm geht eine Kraft aus, die macht gut, die heilt, die läßt hoffen und verändert, die führt zusammen, was trennt.

Sie *übergaben* Jesus das Liebste, was sie hatten. Sie brachten ihm auch ihre Kinder. Und Jesus nahm sie in seine Arme, streichelte und segnete sie.

So war Jesus ganz Mensch. So war er ganz für die Menschen, ganz für Gott da. Das kostete ihn viel Kraft. Manchmal war er erschöpft und müde. Er brauchte dann die Ruhe und Stille, um ganz bei sich zu sein und auf den zu horchen, der ihn gesandt hat.

B. DIE FROHE BOTSCHAFT

KL oder P führen weiter:

Als es einmal Abend wurde, sagte Jesus zu seinen Freunden:

Ich möchte jetzt allein sein. Bleibt hier! Ich steige auf den Berg.

Und so steigt Jesus auf den Berg. Allein steigt er hinauf. Er setzt sich auf einen Stein. Er schaut über das weite Land. Er schaut auf die untergehende Sonne, die das Land in Gold hineintaucht. Dann sieht er, wie langsam die Dunkelheit kommt und alles einhüllt, die Farben – die Formen. Bald ist es ganz dunkel. Jesus sieht nichts mehr.

Er horcht. – Auf was horcht er? Es ist still . . . Manchmal raschelt noch ein Tier. Ein Nachtvogel schreit. Dann wird es ganz still. Dann wird es ganz still . . .

Schön ist es, aber auch ein wenig beängstigend. Jesus horcht in die Stille hinein.

Er spürt: Ich bin nicht allein. Gott ist da. Er horcht auf Gott hin, der in der Stille ist.
Jesus spürt: Der große Gott, der Himmel und Erde gemacht hat, der ist jetzt da – ich bin jetzt bei ihm.
Gott hat mich lieb – und ich liebe ihn.
Ich darf zu ihm kommen, wenn ich müde und erschöpft bin, er schenkt mir Kraft. Ich bin wie sein Kind.
Gott ist wie ein guter Vater zu mir – ich gehöre zu ihm.
Jesus spricht mit Gott. Er redet ganz offen und ehrlich mit Gott. Jesus betet. In der Stille betet Jesus die ganze Nacht . . .

Alle Kinder und die ganze Gemeinde werden angeregt, die Augen zu schließen und ein wenig in die Stille hineinzuhören. Vielleicht kann an dieser Stelle auch ein freies Gebet der Kinder eingeleitet werden.

Es wird Morgen. Die Sonne geht auf.	Die ganze Gemeinde spielt es mit den Händen.	SG

Da steigt Jesus vom Berg herab. Seine Freunde schauen Jesus an. Sie sind erstaunt. Sie denken:
Was hat Jesus gesehen? Was hat er gehört? Was hat er erlebt? Seine Augen leuchten! Sein Gesicht leuchtet! Es ist wunderbar.
Sie sagen zu Jesus: Deine Augen leuchten. Du strahlst richtig! Was ist geschehen?
Jesus sagt: Ich habe gebetet!
Die Freunde spüren: Beten kann helfen. Beten kann verändern. Beten kann froh machen.
Da bittet einer der Freunde Jesus:
Herr, zeige uns, wie du betest.
Und Jesus beginnt zu sprechen:

> Vater unser im Himmel,
> Geheiligt werde Dein Name.
> Dein Reich komme.
> Dein Wille geschehe, wie im Himmel so auf Erden.
> Unser tägliches Brot gib uns heute.
> Und vergib uns unsere Schuld,
> wie auch wir vergeben unseren Schuldigern.
> Und führe uns nicht in Versuchung,
> sondern erlöse uns von dem Bösen.
> Denn Dein ist das Reich und die Kraft
> und die Herrlichkeit in Ewigkeit.

Amen! sagten Jesu Freunde. Ja, so soll es sein. Amen!

An dieser Stelle singen alle Kinder den Kanon: „Vater unser im Himmel" (S. 83).

Zuerst werden alle Strophen einstimmig gesungen, dann alle Strophen als Kanon durchgesungen.

Fürbittgebet

Für alle, die in der Hektik unserer Zeit leben oder Angst haben vor der Ruhe und Stille. – Für alle, die nicht mehr beten können oder wollen, daß sie in Gott Ruhe, Geborgenheit und Erlösung finden.

Meditation

Zur Vertiefung wiederholt eine Flöte, von einer Gitarre begleitet, das Vaterunser (S. 83).

Schlußgebet

P: Herr Jesus Christus! Dein ganzes Leben kam von Gott. Du hast es immer wieder mit ihm in Verbindung gebracht, auch in der Einsamkeit. Du hast dein Leben im Gebet bei Gott, deinem und unserem Vater, zur Sprache gebracht. Von daher kam dir Segen. Lehre auch uns beten. Führe auch uns den Weg zum Vater heute und durch alle Zeiten. Amen.

Schlußlied: In Gnaden uns behüte

III. Leben aus Jesu Wort

Worte können niederschmettern, Worte können aber auch aufbauen. Worte können bloßes Gerede sein, sie können aber auch Erfahrungen und Überzeugung äußern. Worte können zuschütten, sie können aber auch aufdecken und befreien.
Wenn Jesus sprach, dann tat er es so, daß seine Hörer ihn wahrnehmen konnten. Er war ein Lehrer, der auch am Leben der Menschen teilnahm.
Was lehrt er? Er spricht vom Reich Gottes. Unter diesem Reich versteht Jesus eine Zeit des Heils. Wenn wir nach dem Reich Gottes streben, so hat das Konsequenzen für unsere Geschichte. Alles, was wir jetzt zum Wohl der Menschen tun, ist bereits konkret Anbruch der Zukunft. Einmal, so glauben wir, wird dieses Reich voll-endet sein.
Wenn Jesus vom Reich Gottes, dem Kern seiner Botschaft, redet, so tut er es nicht in abstrakten Worten: Er redet in Bildern und Gleichnissen. Man braucht kein Gelehrter zu sein, um ihn zu verstehen. Wir werden sehen.

Aufgehoben werden (Der barmherzige Samariter)

Zielvorstellung

Das Gleichnis vom barmherzigen Samariter will christliche Existenz augenscheinlich machen.

Vorüberlegung

Darniederliegen und am Boden zerstört sein, wer kennt nicht auch dieses Gefühl in seinem Leben. Oft kommen andere dazu und übergehen einen einfach.
Manchmal sind Kinder ganz am Boden zerstört, manchmal sind sie aber auch die, die andere kalt übergehen. Hinter beidem steckt eine Not. Für uns alle aber

stellt sich angesichts der Not in der Welt die Frage, was wohl zu tun naheliegt. Wer ist mein Nächster?
Das Hemd ist mir näher als der Rock, sagen viele. Jesus zielt auf die Überprüfung bisheriger, oft verengter Meinungen. Er fordert Umdenken und eine Änderung eingefahrener Haltungen, damit wir fähig werden, Gottes Willen zu er-kennen und zu tun.

Vorbereitung

Eine Gruppe von 10–15 Kindern bereitet die Feier vor. Wir benötigen: Rhythmikseile zum Legen eines Weges; Steine auf dem Weg; gelbe Rhythmiktücher, die Sonne und Wüste neben dem Weg symbolisieren; dunkle Rhythmiktücher für Kinder, die neben dem Weg Berge darstellen. Zur Meditation evtl. auch grüne Rhythmiktücher und zwei Dias: 1. Wüste, 2. fruchtbares Land. Instrumente:
SG SX AX BX, evtl. Flöte oder Gitarre.

Eröffnungslied: Bist du allein

T.: H. Neubauer, M.: K. Gräske

2. Bist du auch schwach,
voller Fehler gar sehr –
Gott ist immer bei dir.
Ist es auch dunkel
rings um dich her –
Gott ist immer bei dir.

3. Ist weit der Weg
und auch voller Gefahr –
Gott ist immer bei dir.
Hast du verirrt
auf dem Wege dich gar –
Gott ist immer bei dir.

Themenverweis

P begrüßt Kinder und Eltern. Er verweist darauf, daß es auf der Welt viele Wüsten gibt und daß die Wüsten immer mehr werden. Wüsten können aber auch innen sein: große Not – Leid – Verlassenheit. Gegen Wüsten kann man etwas tun. Man kann ihnen Wasser zuleiten, sie fruchtbar machen und so dem Leben neuen Raum schaffen. Von einer Wüstengeschichte Jesu erzählt der heutige Gottesdienst.

Besinnung

P leitet an, in Stille über die Wüsten in unserem eigenen Leben nachzudenken. Was können wir tun, um sie fruchtbar zu machen? Die Zeit des Nachdenkens kann von einer dezenten Musik oder leisen Trommelschlägen begleitet werden.

Gebet

P: Gott, unser Vater! Wir leben als Christen. Und doch fällt es uns manchmal schwer, Christ zu sein; das zu sagen und zu tun, was not-wendig wäre, um die Wüsten der Welt und des Lebens fruchtbar werden zu lassen. Du aber kommst uns immer wieder entgegen. Du hebst uns auf, wenn wir gefallen sind. Du tröstest uns, wenn wir hoffnungslos – enttäuscht sind. Du richtest uns auf, wenn wir niedergeschlagen sind. Und du gibst uns Heimat, wenn uns niemand mehr helfen kann, wenn wir ganz allein sind – in der Stunde unseres Todes. So willst du, daß wir voller Hoffnung leben durch Jesus Christus, deinen Sohn, der . . .

Katechese

A. EIN WEG, DEN MAN GEHT

KL führt mit folgenden Worten:

Wir sind täglich unterwegs: zur Schule, zum Arbeitsplatz, zu Freunden oder Verwandten . . . Heute waren wir unterwegs zur Kirche.
Man sagt: Leben heißt unterwegs sein. Da ist es gut, wenn man ein Zuhause hat. Wir freuen uns, wenn wir nach einer langen Reise wieder zu Hause ankommen.

Kinder legen mit Seilen etwa in den Mittelgang des Kirchenschiffes einen Weg. AX

Nicht alle Wege sind glatt und eben. Auf manchen Wegen liegen Steine.

Kinder legen Steine auf den Weg.

Dann ist der Weg oft beschwerlich. Es ist mühselig, ihn zu gehen. Du kannst stolpern und fallen. Steine sind hart und oft kantig. Sie können verletzen.

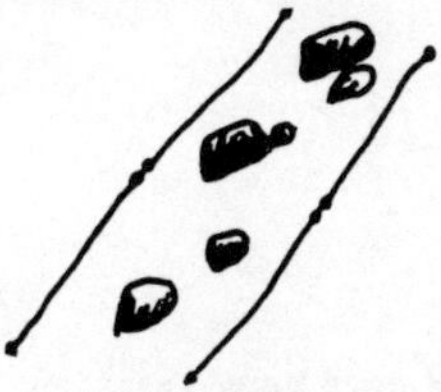

Der Weg führt durch die Wüste. Heiß brennt die Sonne herab. Die Erde ist ausgedörrt – nur Sand und Staub. Kein Baum wächst. Kein Strauch spendet Schatten. Die Hitze wird unerträglich. Der Durst quält.

An beiden Seiten des Weges werden von Kindern gelbe Tücher ausgebreitet.

Manchmal gibt es die Wüste auch in mir. Ich bin wie ausgedörrt, wie abgebrannt. Alles in mir ist wüst und leer.
Links und rechts vom Weg ragen dunkle Felsen auf. Sie wirken bedrohlich. Was ist hinter ihnen verborgen? Lauert Gefahr? Du wirst unsicher.

Kinder mit dunklen Tüchern kauern rechts und links des Weges.

Da kommt einer gegangen. Lange ist er schon unterwegs. Er ist müde und matt vom langen Weg, von der Hitze, vom Staub. Trinken möchte er. Doch er muß weiter – vorbei an den Bergen. Durch den engen Weg muß er. Durch seine Angst muß er durch. Doch er kann nicht mehr.

Ein Kind betritt langsam den Weg und ahmt in sparsamer Gestik und Mimik das Erzählte nach. AX

Er legt sich nieder, um ein wenig auszuruhen. Alles ist ihm schwer geworden: der Kopf, die Arme, die Beine und Füße, der ganze Leib. Alles ist ihm eine Last. Er trägt schwer daran. Ganz niedergeschlagen ist er, nieder-gedrückt, am Ende.

Das Kind legt sich quer über den Weg.

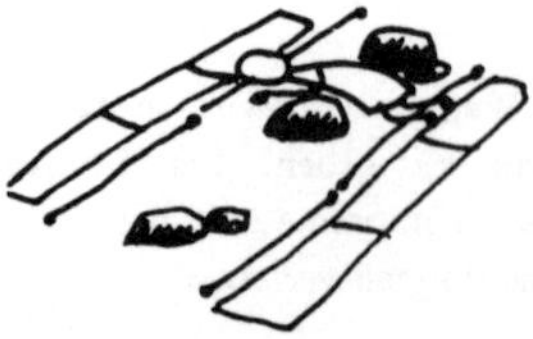

Da kommt gerade noch einer gegangen. Er ist nicht müde. Vielleicht ist er noch nicht so lange unterwegs. Er hat es eilig. Er ist sich seiner Sache sicher, zu sicher. Er schaut weder rechts noch links. So geht er seinen Weg.

Ein anderes Kind betritt langsam den Weg und ahmt – ebenfalls nicht übertrieben – das Erzählte pantomimisch nach. BX

Doch da ist ihm etwas im Weg. Da liegt einer. Ein Hindernis. Er schaut darüber weg. Er geht darüber hinweg. Er über-geht, was ihm im Weg liegt.
Er über-geht, was auf der Erde daniederliegt.

Das Kind steigt über das am Weg Liegende.

B. DIE FROHE BOTSCHAFT

KL oder P erzählt:

Da kommt einmal ein Mensch zu Jesus. Er fragt: Meister, was muß man tun, um ganz Mensch zu werden, um zur Krone des Lebens zu gelangen, um das ewige Leben zu erhalten?

Jesus schaut ihn an. Er schaut dem Menschen fest in die Augen und prüft, was wohl hinter seiner Frage steckt. Kommt seine Frage aus seinem Herzen? Ist er wirklich einer, der ehrlich nach dem Leben sucht, oder will er Jesus eine Falle stellen? Will er herausfinden, wie Jesus denkt, ob er gleichsam rechtgläubig ist oder ob er anders redet als die Lehrer des Volkes?

Jesus gibt ihm die Frage zurück. Er fragt: Wie steht es denn im Gesetz geschrieben? Was liest du da?

Der andere antwortet: Du sollst den Herrn, deinen Gott, lieben aus deinem ganzen Herzen, mit deiner ganzen Kraft, und deinen Nächsten so wie dich selbst.

Aber jetzt möchte er von Jesus wissen: Herr, wer ist denn mein Nächster? Ist es mein Vater, meine Mutter, mein Bruder oder meine Schwester? Ist es mein Nachbar oder ein Bekannter . . .? Manche kenne ich doch gar nicht richtig. Es kann doch nicht jeder mein Nächster sein!

Da erzählt Jesus diese Geschichte:

Ein Mensch ist unterwegs von einer Stadt zur andern. Von Jerusalem nach AX
Jericho geht er. Viele Stunden muß er gehen. Der Weg ist beschwerlich. Durch die Wüste führt er. Die Sonne brennt unerbittlich. Kein Baum, kein Strauch spenden Schatten. Steine liegen auf dem Weg. Hitze und Durst quälen.

Da bleibt der Wanderer stehen. Einmal nur ein wenig rasten, denkt er. Da – plötzlich – mitten in der Einsamkeit der Wüste vernimmt er Geräusche. Was bedeuten sie?

Er spürt: Da hinter den Steinen, hinter den Felsen lauert Gefahr. Vielleicht sind es wilde Tiere. Vielleicht sind es aber auch Menschen, die oft wie wilde 
Tiere sind – Wegelagerer . . .

Da kommen sie auch schon aus ihrem Versteck hervor. Räuber sind es. Sie schlagen den Wanderer nieder. Sie rauben ihn aus. Dann kümmern sie sich nicht mehr um ihn. Sie lassen ihn „links liegen".

Da liegt er jetzt: verwundet, blutend. Nackt und bloß haben sie ihn liegen lassen. Was soll jetzt geschehen? Wird Hilfe kommen? Hilfe mitten in dieser Wüste? Wird einer kommen, der ihn aufhebt, verbindet und herausholt aus dieser Wüste?

Die Sonne brennt noch heißer. Der Durst plagt noch mehr. Die Wunden 
schmerzen fürchterlich.

Da kommt gerade einer des Wegs. Ein Mann aus Jerusalem ist es. Einer, SX
der Dienst tut in der Kirche von Jerusalem, im Tempel. Sein Leben hat pent.
er Gott geschenkt. Dieser Mann kommt nun immer näher zu dem, der da am Wege liegt. Er sieht die blutenden Wunden. Er hört den Schrei nach Hilfe. Er erkennt genau die Gefahr. Hier sind Räuber in der Nähe, denkt er. Da überfällt ihn Angst, die Angst um sein eigenes Leben. Nur ein

Gedanke hält ihn fest: Du mußt weg von hier. Du mußt dich in Sicherheit bringen. Rette sich, wer kann! So eilt er vorbei. Er geht über den anderen hinweg. Nur noch sein Ziel hat er im Auge. So geht er seines Wegs.
Der Geschlagene am Boden kann es nicht fassen: Da kam einer und ging vorbei. Es ist ihm, als wäre er ein zweites Mal niedergeschlagen – jetzt ist er's auch im Herzen: Ich bin verloren, denkt er. Es gibt keine Hoffnung mehr für mich.

Da hört er, wie wieder einer gegangen kommt. Von Jerusalem kommt auch SX
er. Es ist einer, der genau weiß, was recht ist zu tun. Er kennt die Gebote pent.
Gottes und des Volkes ganz genau. Er paßt genau auf, daß alles erfüllt wird, bis aufs I-Tüpfelchen. Dieser Mann kommt des Wegs gerade auf den Verwundeten, den Ausgeplünderten zu.
Er ist entsetzt über den Schmutz, über das Blut dieses Menschen. Das ist ja entsetzlich, denkt er, und gerade noch rechtzeitig fällt ihm ein Gesetz, ein Paragraph ein, die es ihm erlauben, sich aus der entsetzlichen Situation davonzustehlen. Einer, der die Gesetze Gottes beobachtet und lehrt, darf sich nicht verunreinigen und mit Blut beschmutzen. So kann er vorbeigehen, gesetzlich darüber hinweggehen, und er ist im Recht.
Der am Boden liegt, verliert jetzt alle Kraft. Er hat keine Macht. Er ist ohn-mächtig.
Da kommt ein Dritter des Wegs. Es ist einer, den man nicht achtet. Er SG
paßt nicht zu den andern. Gott betet er nicht im Tempel von Jerusalem, pent.
sondern auf dem Berg Garizim an. Die anderen gehen ihm aus dem Weg. Allen gehen sie aus dem Weg, die dort herkommen, wo er herkommt. Er kommt aus Samaria.
Der Mann aus Samaria kommt langsam mit seinem Reittier zu dem Ohnmächtigen. Da hält er an. Er steigt von seinem Pferd oder Esel, jedenfalls von seinem „hohen Roß herab" und übergeht nicht die Not, die er sieht. Er beugt sich herunter zu dem, der da am Boden liegt. Die Wunden reinigt er von Schmutz und Blut. Er verbindet sie und ist mit dem verbunden, der da leidet. Er hat Mit-leid. Er stillt den Durst des Verletzten. Er hebt ihn auf, richtet ihn auf. Er umarmt den Armen und hebt ihn auf sein Tier. Er hält ihn fest, daß er nicht fällt. Er führt ihn dorthin, wo er wieder gesund werden kann, in ein Haus, ein Zuhause. Er tut alles, was er kann, daß der Geschlagene wieder heil wird.
Wie Jesus diese Geschichte erzählt, ist alles still geworden. Nun ist es Jesus, der fragt: Wer ist jetzt wohl der Nächste?
Und die Antwort kommt:
Wer daniederliegt, nackt und bloß, ausgeplündert, verlassen und einsam, ohne Macht – ohnmächtig, klein und gering.
Und Jesus fragt weiter:
Und wer erhält die Krone des Lebens?
Und die Antwort heißt:
Wer „vom hohen Roß heruntersteigt", wer sich dem Armen und Verlassenen zuwendet, wer Mut zuspricht und heilt, wer verbindet, Hunger und Durst stillt, wer aufrichtet und umarmt, wer aufleben, aufatmen läßt und wer dorthin führt, wo ein Zuhause, wo Heil ist.

Fürbittgebet

Für alle, die Wüsten in ihrem Leben erfahren. – Für alle, die gefallen sind, hoffnungslos – enttäuscht, niedergeschlagen, ohne Heimat, ohne liebe Menschen.

Meditation

Zwei Dias mit Bildern von einer Wüste und von fruchtbarem Land können das Erlebte sinnbildhaft vertiefen. Das Bild der Wüste kann von leisen Trommelschlägen, das der fruchtbaren Landschaft von Flöten- oder Gitarrenmusik begleitet werden.
Zur Musik kann der Wüstenweg auch mit grünen Tüchern belegt werden. Kinder können darstellen, wie Blumen, Sträucher, Bäume wachsen.

Schlußgebet

P: Herr Jesus Christus! Du hast den Menschen die Geschichte vom barmherzigen Samariter erzählt, um ihnen auch zu zeigen: So ist Gott. In deinen Worten und Taten ist er für uns ein-sichtig, be-greiflich geworden. Hilf auch uns, seine Liebe und Güte weiterzugeben heute und in Ewigkeit. Amen.

Schlußlied: Der Herr segne

Getragen sein (Der gute Hirte)

Zielvorstellung

Das Gleichnis Jesu vom guten Hirten will im Kind das Vertrauen wecken, daß Gott sich wie ein guter Vater um jedes seiner Kinder sorgt.

Vorüberlegung

Oft möchten die Kinder ausbrechen. Oft haben sie sich verstiegen in ihren Vorstellungen. Aber wo liegen da meist die Gründe?
Kommen sie sich nicht oft allein gelassen vor trotz materiellem Überfluß? Was ihnen meist fehlt, ist das Gefühl, gehalten, getragen zu sein. Wer oder was kann ihnen das wirklich schenken?

Vorbereitung

Der Gottesdienst ist mehr für eine kleine Gruppe oder Familie gedacht. Wir benötigen dazu: grüne, braune, blaue Rhythmiktücher oder eine braune Decke zum Gestalten einer Landschaft. Eventuell auch Naturmaterial wie Steine, Tannenzapfen . . . Weiter soll eine Puppe, gestrickt oder anders gestaltet, den Hirten darstellen.
Hier ein Schäfchenstrickmuster:

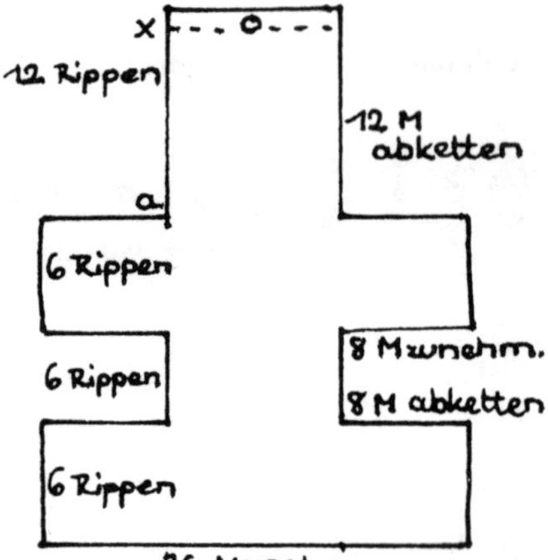

Material: 2 Stricknadeln Nr. 3½, 25 g naturweiße Wolle, waschbare Watte zum Ausstopfen
Strickart: Hin- und Rückrunden rechts (Rippen)

1. Nach nebenstehendem Schnitt den Körper des Schäfchens stricken.
2. Jedes Bein für sich zusammennähen und ausstopfen.
3. Die mit „o" bezeichnete Kante auf die Hälfte falten und zusammennähen.
4. Punkt x durch zusammenziehende Stiche an Punkt a bringen und dabei seitlich entstehende Ohren etwas abnähen. Bauchnaht schließen.
5. Das Schäfchen mit Watte gut ausstopfen: Die linke Hand formt, die rechte stopft. Das Stopfloch hinten zusammennähen.
6. Ein Schwänzchen aus gehäkelten Luftmaschen oder gedrehter Kordel annähen.

Instrumente: evtl. AX und Flö.

Eröffnungslied: Danket dem Herrn

T. u. M.: Hermann Stern

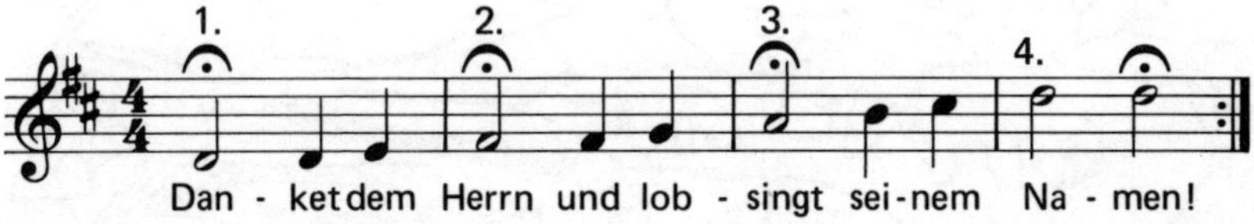

Themenverweis

P begrüßt Kinder und Eltern. Er verweist darauf, wie schön es für ein Kind sein kann, wenn der Papa oder sonst ein lieber Mensch es auf der Schulter nach Hause trägt. Wenn man dann größer ist, hat man das gar nicht mehr so gern: Man möchte lieber selber gehen. Aber trotzdem braucht man Menschen, bei denen man sich geborgen fühlen kann, einen Freund oder eine Freundin, die Eltern oder Oma und Opa ... Jesus erzählt: So ist Gott. Bei ihm kann man sich wohl fühlen.

Besinnung

P führt zum Nachdenken über ein Erlebnis: Wie mich jemand in die Arme genommen hat. Wo ich getragen worden bin. Leise Flötenmusik kann begleiten.

Gebet

P: Gott, unser Vater! Du bist da, wo Menschen sich liebhaben. Du bist aber auch da, wo Menschen in Not sind. Du machst den Menschen ein Angebot. Und du bist traurig, wenn sie nicht danach fragen. Du selbst hast die Menschen lieb. Und Liebe will Antwort. Laß uns auf deine Liebe antworten in unserem Denken, Fühlen und Tun. Laß uns hören, was Jesus Christus uns von dir zu sagen hat heute und für alle Zeiten.

Katechese

A. WO DIE GESCHICHTE SPIELT

In Stille wird eine Landschaft mit dem angegebenen Material gestaltet.
Mit der Vorstellung des Hirten und der Aufstellung der Herde beginnt dann die Erzählung der Frohen Botschaft.

evtl.
AX

B. DIE FROHE BOTSCHAFT

KL: In unserer Geschichte gibt es einen Hirten. Er hütet Schafe, alte und junge – große und kleine – weiße und schwarze.
Der Hirt kennt seine Schafe. Er kennt jedes bei seinem Namen. Er ruft sie bei ihrem Namen. Die Schafe hören auf seine Stimme. Unser Hirte ist ein guter Hirte. Er liebt seine Schafe. Er sorgt für sie. Er führt sie auf eine Wiese, wo gutes und fettes Gras wächst. Er führt sie auf grüne Au. Wenn die Schafe durstig sind, führt sie der Hirte an Wasser, an klares, frisches Wasser. Er schützt seine Schafe vor Gefahren, vor den wilden Tieren, vor Füchsen, Wölfen. Der Hirte ist bereit, sein Leben hinzugeben für seine Schafe.
In unserer Geschichte wird es Abend. Die Schafe sind müde. Sie suchen Nähe und Wärme. Sie suchen einander. Sie legen sich dicht aneinander und schlafen. Auch der Hirte ruht.
Ein Schaf schläft nicht, das schwarze. Es gefällt ihm nicht bei der Herde. Mit anderen beisammen sein, heißt teilen: das Gras – das Wasser. Es heißt, auf den Hirten hören, auf seine Stimme. Es heißt, dorthin gehen, wohin der Hirte führt.
Das Schaf will nicht teilen. Es will nicht gehorchen. Es will fortgehen, dahin, wo es anders ist als zu Hause, schöner – besser, wo man tun kann, was man will.
So geht unser Schaf fort, heimlich und leise. Während Hirte und Herde schlafen, geht das Schaf fort. Es läuft über grüne Wiesen. Es läuft am klaren Wasser vorbei. Es kommt in eine Gegend, die es nicht kennt, ins Gebirge. Ein Weg führt steil bergauf. Wohin führt er? – Wo endet er? Welche Abenteuer wird er bringen?
Das Schaf steigt bergauf, immer höher.
Es will hoch hinaus. Es achtet auf keine Gefahr. Der Weg verliert sich. Das Schaf steigt weiter – es versteigt sich. Es gelangt an eine Stelle, da geht es nicht mehr vorwärts und rückwärts. Das Schaf weiß nicht mehr aus noch ein. Es schwindelt ihm, weil es ringsum in die Tiefe geht. Es hat Angst – es zittert. Es schreit laut um Hilfe. Ob jemand sein Rufen hört?

Es ist Morgen. Der Hirte zählt seine Schafe. Er ruft sie beim Namen. Die Schafe hören auf seine Stimme. Der Hirte entdeckt: Ein Schaf ist nicht da. Ein Schaf fehlt – das schwarze. Wo mag es sein? Wenn es sich verlaufen hat? Wenn es an eine Stelle gekommen ist, wo es nicht mehr vorwärts und rückwärts kann, wo es nicht mehr aus noch ein weiß?
Der Hirte denkt: Ein Schaf ist in Gefahr. Es darf nicht verlorengehen. Ich muß es finden. So läßt er alle anderen zurück. Es sind viele. Es ist eine Herde. Es wird ihnen nichts geschehen, denkt der Hirte. Das eine, das in Gefahr ist, muß ich finden und retten.
Der Hirte geht an der grünen Wiese vorbei. Er geht am klaren Wasser vorbei. Er kommt ins Gebirge. Er steigt den steilen Weg bergauf. Er bleibt stehen und horcht. Er ruft nach seinem Schaf. Endlich hört er seine Stimme. Von weitem hört er ein klägliches Rufen. Der Hirte weiß jetzt: Mein Schaf lebt.
Er steigt dem Rufen nach. Er findet sein Schaf. Voll Angst zitternd steht es an einer Stelle, wo es nicht mehr vorwärts geht und nicht rückwärts, wo es einem schwindelt, wenn man in die Tiefe schaut.
Der Hirte nimmt das Schaf in die Arme. Er sagt: Gott sei Dank, daß ich dich gefunden habe. Er trägt es den Berg hinab, den steilen, steinigen Weg. Er trägt es am klaren Wasser vorbei, vorbei an der grünen Wiese. Er trägt es nach Hause, zur Herde. Er ist voll Freude, weil er das Schaf wiedergefunden hat, von dem er glaubte, es sei verlorengegangen.

P: Diese Geschichte hat Jesus den Menschen erzählt, als sie ihn fragten: Wer ist unser Gott? Wie sieht er aus? Wo kann man ihn sehen? Wo wohnt er? Jesus hat gesagt: Ich will euch erzählen, wie Gott zu den Menschen ist. Gott ist wie ein guter Hirte. Wenn einer nicht mehr weiter weiß, wenn es ganz dunkel und finster um ihn ist, wenn einer nicht mehr aus noch ein weiß, dann läßt ihn Gott nicht im Stich. Er geht ihm nach. Er möchte ihn retten. Er möchte ihn heimbringen, heimtragen. Ja, unser Gott ist ein guter Gott.

Verirrt T. u. M.: F. Kett

2. Es lief durch einen dunklen Wald.
   Es lief nur immerzu.
   Es lief bergauf, es lief bergab.
   Es hatte keine Ruh'.
3. Auf einem hohen Berge dann
   weiß es nicht aus noch ein.
   Der Weg führt nicht mehr vor, zurück,
   ach, wär es doch daheim.
4. Und als die Sonne untergeht,
   die dunkle Nacht einkehrt,
   da zählt der Hirt die Schafe ab,
   die Schäflein seiner Herd'.
5. Und siehe da, es fehlt ein Schaf,
   ein Schäfchen seiner Herd'.
   Da geht der Hirte los und sucht.
   Das Schäfchen ist's ihm wert.
6. Nach langem Suchen sieht er es.
   Er nimmt's auf seinen Arm.
   Dort kann das Schäfchen ruhig sein,
   dort ist es gut und warm.

Fürbittgebet

Für alle, die nicht mehr weiter wissen in ihrem Leben. – Für alle, die keinen Ausweg mehr sehen. – Für alle, die verzweifelt und einsam sind. Daß sie sich und wir uns auf Gott besinnen, der alles er-trägt, durch-trägt, aus-hält, durch-hält und auf den rechten Weg bringt.

Meditation

Eine kleine Hirtenmelodie mit der Flöte soll zum Nach-denken anregen.

Schlußgebet

P: Herr Jesus Christus! Du hast die Menschen er-tragen. Schwierigkeiten hast du durch-getragen. Meinungsverschiedenheiten hast du aus-getragen. Die Kinder hast du auf deine Arme genommen und ge-tragen. Du hast gesagt: So ist Gott. Schicke auch uns Menschen, die uns die Liebe Gottes, deines und unseres Vaters, erfahrbar machen, und laß uns selbst zu solchen Menschen werden heute und für alle Zeit. Amen.

Schlußlied: Der Herr ist mein Hirte

Kanon-Lied nach Psalm 23 von M. Geiger / I. Kindt 1975

2. Er führt mich zur Weide – Halleluja
und zum frischen Wasser – Halleluja!
3. Und ob ich schon wanderte im finsteren Tal,
fürcht' ich doch kein Unglück – Halleluja!
4. Denn Du bist bei mir – Halleluja,
Dein Stab stützt und tröstet mich – Halleluja!
5. Ich fürcht' keine Feinde – Halleluja,
denn Du hilfst mir siegen – Halleluja!
6. Gutes und Barmherzigkeit – Halleluja,
die werden mir folgen – Halleluja!
7. Und so werd' ich bleiben bei Dir allezeit
in Jesu Namen, in Ewigkeit!

Nach Hause finden (Der barmherzige Vater)

Zielvorstellung

Die gespielte Gleichniserzählung Jesu vom barmherzigen Vater möchte die Kinder mit einem Gott bekannt machen, der das Wagnis seiner Kinder nicht scheut, Schuld nicht nachträgt und die Menschen immer wieder neu fordert.

Vorüberlegung

Nach Hause finden, heißt nicht unselbständig sein. Es heißt: dazugehören. Es heißt: Vater und Mutter und alle, die mich umgeben, als Menschen sehen, die eigene Schwierigkeiten durch das Leben zu tragen haben.

Daß da trotzdem jemand ist, der versteht, der auch zuläßt, daß man einmal etwas ausprobiert, der Schuld nicht endlos anlastet, sondern auch verzeihen kann, der durch seine erneute Forderung uns aber auch Verantwortung für uns selbst und das Miteinander zuweist – ist das, nicht nur für unsere Kinder, nicht hoffnungs-voll?

Vorbereitung

Ein mit gelben Tüchern überdeckter Karton als Vaterhaus und zwei Knotenpuppen, Vater und Sohn, bilden das Spielinventar.
Die dritte Person des Gleichnisses, der zu Hause gebliebene Sohn, der das Wiederkommen seines Bruders mit Neid verfolgt, bleibt in unserer Erzählung unerwähnt. Der eigentliche Kern der Geschichte wird – so glauben wir – durch diese Auslassung nicht angetastet. Die Aufmerksamkeit des Kindes bleibt auf diesen Kern konzentriert. Der Religionsunterricht der Schule wird die Erzählung auf ihren vollen Inhalt ergänzen. Die Erzählung kann so für die Kinder zu einer neuen Entdeckung werden.
Instrumente: 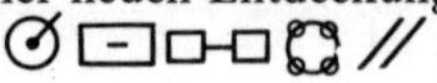 AG AX Flöte.

Eröffnungslied: Bist du allein (S. 89)

Themenverweis

P begrüßt die versammelten Kinder und Erwachsenen. Er verweist auf Familie oder Freundschaft: Manchmal klappt es nicht. Man möchte abhauen, sein eigenes Leben leben, selber etwas machen. Das ist gut so und wichtig zum Erwachsenwerden. Und trotzdem bleiben wir alle Menschen einmal mit Sorgen; ein andermal haben wir etwas falsch gemacht und bedürfen der Verzeihung. Immer wieder brauchen wir Menschen, die uns helfen, umzudenken, umzukehren und neu anzufangen. Gibt uns auch Gott diese Chance? Diese Frage stellt sich dieser Gottesdienst.

Besinnung

P gibt den Anstoß, in Stille über Situationen nachzudenken, in denen wir am liebsten davonlaufen möchten, und diese Ereignisse vor Gott zu bringen.

Gebet

P: Gott, unser Vater! Manchmal fragen wir, ob es dich überhaupt gibt, wer und wie du eigentlich bist. Besonders wenn wir das große Elend in der Welt sehen, zweifeln wir an dir. Und doch kannst du nicht weit weg sein. Denn du bist ganz menschlich geworden in Jesus Christus, deinem Sohn. Laß uns dich suchen und finden in unserer Familie, in unseren Freundschaften, in den Zeichen der Zeit, durch Jesus Christus, deinen Sohn, der ...

Katechese

A. DAS VATERHAUS

Ein mit gelben Tüchern überdeckter Karton stellt das Vaterhaus dar. Dieses „Vaterhaus“ wird zur Katechese an einen zentralen Ort im Kirchenraum gestellt.
KL fragt die Kinder nach ihren Assoziationen.
Das Gemeinsame aller Aussagen wird erarbeitet: Es geht um einen Raum, es geht um Bergendes, Schützendes, um Umhülltes . . . Für all das wollen wir Haus sagen. Was in diesem Haus geschieht, erzählt eine Geschichte.
KL stellt die Personen vor, die in dieser Erzählung eine Rolle spielen.

B. DIE FROHE BOTSCHAFT

KL erzählt und führt die Handpuppen. Die Puppen können auch von anderen Spielern zu der Erzählung geführt werden.
Orff-Instrumente vertiefen die Erzählung.

Unsere Geschichte erzählt von einem Vater. Er wohnt in einem schönen Haus. Der Vater hat einen Sohn. Wir wollen ihn Markus nennen. Markus geht nicht mehr zur Schule. Markus ist fast schon erwachsen. Und Markus ist sehr unzufrieden. Es gefällt ihm nicht mehr zu Hause – bei seinem Vater.
Markus denkt: Zu Hause muß ich auf meinen Vater hören. Ich muß Vater gehorchen – ihm helfen. Ich möchte aber nicht gehorchen. Ich möchte tun, was mir gefällt und Spaß macht. Ich gehe von zu Hause fort. – Ich ziehe aus.
So geht Markus zum Vater und sagt: Vater, ich bleibe nicht mehr zu Hause. Ich möchte leben, wie es mir gefällt. Ich ziehe fort. Gib mir Geld, daß ich leben kann.
Der Vater ist in seinem Herzen traurig. Aber er denkt: Markus ist groß genug. Ich kann ihn nicht festhalten – nicht festbinden. Markus muß selbst wissen, was er will.
So gibt der Vater Markus Geld. Er schließt ihn in die Arme. Und er sagt ein sehr wichtiges Wort: Auf Wiedersehen – Markus. Auf Wiedersehen – so sagt der Vater.
Schon ist Markus zur Tür hinaus. Er denkt: Ich brauche niemandem mehr zu gehorchen. Endlich kann ich leben, wie ich will. Endlich bin ich frei.

Zwischenspiel Flö und

Markus tut nun, was ihm gefällt. Er kauft sich von seinem Geld, was ihm Spaß macht. Wenn ihn hungert, geht er in die Wirtschaft. Er bestellt, was ihm schmeckt. Oft zahlt er allen, die an seinem Tisch sitzen, das Essen, das Trinken, und seine Tischnachbarn sagen dann: Der Markus ist ein guter Freund. An ihn wollen wir uns halten. Er zahlt uns immer alles.

So lebt Markus in Saus und Braus. Doch eines Tages ist der Geldbeutel leer. Das Geld ist aus. Womit soll Markus seinen Hunger stillen?

Ich geh zu meinen Freunden, denkt Markus. Sie werden mir helfen.

So geht er und klopft beim ersten an die Tür. – Die Tür bleibt verschlossen.

Er klopft beim nächsten. Die Tür bleibt zu.

Alle Türen bleiben zu. Markus spürt: Meine Freunde haben mich vergessen. Ich habe keine Freunde mehr. Ich bin ganz allein.

Markus hat Hunger. Markus denkt: Ich muß Arbeit suchen. Ich muß Geld verdienen, sonst verhungere ich. Nach langem Suchen findet er Arbeit. Bei einem Schweinebauern findet Markus Arbeit. Schweine füttern – Schweine misten – Schweine hüten. Markus lebt bei den Schweinen. Markus schläft bei den Schweinen. Er ist froh, das zum Essen zu bekommen, was die Schweine fressen.

Markus spürt: Das ist kein Menschenleben mehr, das ist ein AX
Schweineleben. Das halte ich nicht aus. Da gehe ich zugrunde. Da muß pent.
ich sterben.

Markus erinnert sich an sein Zuhause. Da ging es ihm gut. Da hatte er ein AG
Dach überm Kopf, warme Kleider – gutes Essen – ein richtiges Bett, vor pent.
allem aber hatte er einen Menschen, der ihn gerne hatte, ihn richtig liebte. Markus hatte seinen Vater.

Markus spürt Heimweh. Er möchte nach Hause, zu seinem Vater. Ob ihn dieser wohl ins Haus einläßt? Ob ihn sein Vater noch liebt?

Markus erinnert sich an ein Wort. Es ist ein sehr wichtiges Wort. Auf Wiedersehen heißt es. So hat der Vater beim Abschied gesprochen. Und Markus faßt Mut.

Er kehrt um. Er geht heim. Weit ist der Weg und schwer. Viele Tage dauert +AX
er. Dann sieht Markus das Haus, sein Vaterhaus. Was wird nun geschehen?

Die Tür geht auf. Heraus kommt Markus' Vater. Er eilt auf Markus zu. AG
Noch nie hat Markus seinen Vater so laufen gesehen. Der Vater faßt Markus bei den Händen. Er umarmt ihn. Er sagt: Wie bin ich froh, daß du da bist.

Dann zieht der Vater einen Ring vom Finger. Er steckt ihn dem Markus an. Das bedeutet: Du gehörst nun wieder zu uns, zu unserer Familie. Ein Kälbchen wird geschlachtet. Musikanten werden eingeladen. Ein großes Fest wird gefeiert, weil wieder heimgekommen ist, der verlorengegangen war.

Zwischenspiel Flö und

P: Diese Geschichte hat Jesus erzählt. Er hat sie erzählt, als Menschen zu ihm kamen und ihn baten: Erzähl uns etwas von Gott.

Am Schluß seiner Geschichte hat Jesus gesagt: Unser Gott ist wie ein guter Vater. Er nimmt mit Freuden auf, wenn einer, der schon fast verloren war, umkehrt, wieder heimkehrt.

Fürbittgebet

Für uns und alle, daß wir bereit sind, in unserem Leben etwas zu wagen, unsere Schuld einzusehen und zuzugeben; daß wir Verzeihung annehmen und selbst schenken und neu beginnen, das Wichtige und Richtige zu tun.

Meditation

Zu leiser Orgelmusik wird der Psalm 57 meditativ vorgetragen (GL 730, 2).

Schlußgebet

P: Gott, unser Vater! Wir dürfen singen und fröhlich sein in deinem Schutz. Du gibst uns die Freiheit, uns für das Gute einzusetzen. Du trägst uns nicht nach, wenn wir etwas falsch gemacht haben, und verzeihst uns. Du stellst auch Forderungen an uns. Man fordert heutzutage viel, oft zu viel von uns. Manchmal mögen wir nicht mehr. Es ist schwer einzusehen, für was alles gut sein soll. Gib uns einen klaren Verstand, ein einfühlsames Herz und tatkräftige Hände für dein Reich, durch Jesus Christus, deinen Sohn, der ...

Schlußlied: Bist du allein (S. 89)

Leben im Kleinen finden (Das Senfkorn)

Zielvorstellung

Über das Gleichnis Jesu vom Senfkorn soll in den Kindern Staunen und Achtung vor den großen Möglichkeiten geweckt werden, die im Kleinen verborgen liegen und ein Bild für die Wirksamkeit Gottes geben.

Vorüberlegung

Alle haben wir einmal klein angefangen. Das „Kleine“ birgt für die meisten Eltern viele Hoffnungen. Im Kleinen stecken viele Möglichkeiten und ein Ziel.

Auch das Christentum hat klein angefangen. Auch in ihm liegen für die Gegenwart und Zukunft entscheidende Möglichkeiten und Hoffnungen verborgen und ein Ziel: das Reich Gottes, in dem alle Menschen zusammengehören wie Brüder und Schwestern. Leben und entfalten wir uns mit unseren Kindern auf dieses Ziel hin?

Vorbereitung

Eine Gruppe von etwa 10–15 Kindern bereitet die Gottesdienstfeier vor. Jedem Kind wird beim Eintritt in die Kirche ein Senfkörnchen überreicht mit der Bitte, es sorgsam aufzubewahren. Evtl. eine kleine Liedmelodie erfinden zur Meditation. Instrumente: SG AG SM AX Flö.

Eröffnungslied: Von dir, o Herr

Themenverweis

P begrüßt die Kinder. Er verweist auf die Faszination des Himmels: das unendliche Blau, die Berge von Wolken, den von Millionen funkelnder Sterne übersäten Nachthimmel . . . Himmel – das bedeutet Glück. Wer sich wie im Himmel fühlt, ist glücklich. Wie aber sieht der Himmel des Glücks aus? Wo ist er zu finden? Eine Geschichte von Jesus zeigt uns den Weg.

Besinnung

P leitet die Kinder an, die Augen zu schließen und sich den Himmel vorzustellen. Wie sieht er für dich aus? Metallophon oder Glockenspiel begleiten die Vorstellungen der Kinder. Danach läßt P die Kinder kurz ihre Vorstellungen äußern. Er faßt im Gebet zusammen.

Gebet

P: Gott, unser Vater! Jeder von uns möchte glücklich sein. Wir haben viele Sehnsüchte und Wünsche. Wir schauen in die Zu-kunft, in die Ferne, und übersehen dabei gern, was uns naheliegt. Unsere Wünsche und

Sehnsüchte sind gut. Wir brauchen sie, um hoffen zu können. Zeig uns heute, was du für uns erhoffst, durch Jesus Christus, deinen Sohn, der ...

Katechese

A. VOM SENFKORN

KL führt ein:
Du hast ein kleines Samenkorn erhalten. Ein Senfkorn ist es. Nimm es jetzt in die Hand. – Spür einmal, wie leicht es ist ... – Schau, wie klein es ist ... – Und doch steckt in ihm eine große Kraft.
Ich will es dir erzählen. Aber ich möchte es nicht mit Worten tun, sondern mit meinen Händen. Ob du erkennst, was ich erzähle?
KL spielt mit den Händen:
Einpflanzen: Er legt das Samenkorn in eine Handschale und deckt sie mit der anderen Hand zu. – Mit der Hand, mit der er das Korn zugedeckt hat, zeigt er pantomimisch den Regen und die Sonne.
Wachsen:
Mit einer Hand stellt er dar, wie aus dem Samenkorn etwas wächst, größer wird, sich entfaltet. – Mit den Fingerspitzen zeigt er kleine, verschlossene Knospen, die sich lansam öffnen.
Fruchtbringen:
Mit einer geballten Hand, die sich langsam öffnet und größer wird, deutet er eine Frucht an. – Dazwischen kann er immer wieder das Wiegen der Pflanze im Wind, den Regen, die Sonne darstellen.
KL fordert die Kinder auf zu äußern, was er mit seinen Händen erzählt hat. Er fragt die Kinder nach der Art des Samenkorns und erklärt, daß aus dem Senfkorn in vielen Jahren ein großer Baum werden könne. Dann kann er die Kinder einladen, die Geschichte mit Orffuntermalung (SG) noch einmal mitzuspielen. Dabei steht es ihm frei, das Spiel zu kommentieren.

B. DIE FROHE BOTSCHAFT

KL fährt fort:
Jesus hat den Menschen auch oft solche Geschichten erzählt. Er zog durch die Dörfer und Städte. Und überall, wohin er kam, öffneten die Menschen ihre Fenster und Türen. Sie kamen aus ihren Häusern heraus. Sie wollten Jesus sehen, ihn hören, mit ihm reden. Oft haben sie ihm dann Fragen gestellt, die auch die Menschen heute bewegen.

> Wer ist denn eigentlich Gott? – Wo ist er? – Wie kann man ihn spüren? – Wo kann man ihn sehen, ihn hören? – Wo herrscht er? – Wo ist sein Reich? – Was ist der Himmel? –

Solche und ähnliche Fragen stellen sie Jesus. Und Jesus gibt ihnen Antwort. Er tut es nicht wie gescheite Menschen in schlauen Büchern. Er redet ganz einfach so, daß ihn jeder verstehen kann, der es auch will. In Bildern redet er, in Vergleichen, in Geschichten. Anders als in Gleichnissen redet er nicht zu den Menschen von Gottes Wirken, sagt einer von Jesu Freunden, der Matthäus heißt.

Als einmal die Menschen wieder zu Jesus kommen und fragen: Sag uns, wo ist Gott, seine Kraft, seine Macht? Wo ist sein Reich? Wie wirkt er und wie können wir ihn spüren? Wo ist der Himmel? – da erzählt Jesus ihnen diese Geschichte:

Wenn Gott seine Macht ausübt, dann geschieht es nach der Art, wie ein Senfkorn wächst.		
Ein Mann nimmt es und setzt es in seinen Garten. Nun ist es ganz mit Erde bedeckt. Klein ist dieses Korn, hart und geschlossen.	Eine kleine Kindergruppe von vier bis fünf Kindern kauert sich auf den Boden. Sie wird von einem anderen Kind mit braunen Tüchern bedeckt.	
Dann kommt der Regen.		AX oder 
Die Sonne scheint.		
Die Erde wird weich und warm. Das kleine Samenkorn öffnet sich, schickt seine Wurzeln in die Tiefe, damit sie Nahrung herbeiholen, und bald wächst ein kleiner Keim.	Die Kinder unter den Tüchern richten sich langsam auf und streifen dabei die Tücher ab. 	SG
Langsam wird er immer größer. Viele Jahre braucht er dann zum Wachsen.	Die Kindergruppe stellt pantomimisch das Wachsen dar. 	AG
Zuerst wächst ein kleines Stämmchen. Dann wachsen Äste und Zweige. Weit ragen sie in den Himmel. Viele Jahre dauert das.	Hände und Arme zeigen das Wachsen der Äste und Zweige an.	

In jedem Frühjahr bekommt der kleine Baum dann Blätter – Tausende von Blättern. Knospen springen auf und fangen an zu blühen. Sie leuchten in der Sonne. Ganz groß ist der Baum nun geworden. Mit jedem Jahr größer.

Hände symbolisieren das Entstehen und Aufspringen der Knospen.

Die Vögel kommen und bauen in seinen Zweigen ihre Nester. Sie haben eine Wohnung gefunden. Sie fliegen fort und kommen wieder, und sie singen ihre Lieder.

Drei bis vier andere Kinder spielen Vögel, die um den Baum flattern. Mit ihren Armen halten sie sich zum Schluß an den Ästen fest und zeigen so die Verbundenheit der Tiere mit dem Baum.

Flö Solo

Auch die Menschen kommen oft zum Baum und ruhen sich in seinem Schatten aus. Da ist aller Streit vergessen. Der Baum spendet jedem Schatten und Schutz. Da erzählen die Menschen von ihrem Leben. Sie singen auch Lieder und nehmen einander an den Händen, tanzen und sind fröhlich.

Eine andere Gruppe von Kindern setzt sich im Kreis rund um den Baum.
Ein Lied wird gesungen und/oder ein Reigen getanzt (z. B. Fidula 1260, Shot).

P oder KL deutet das Gleichnis:
Jesus sagt: So wirkt Gott. Oft fängt er im Kleinen an. Ganz natürlich tut er es: Durch eine Blume, die aufblüht; einen Strauch, der süße Beeren schenkt; einen Baum, der Schatten spendet; durch die bunte Welt der Tiere; durch ein

gutes Wort, das einer einem andern sagt; durch eine wohlwollende Geste, die Menschen verbindet ... Überall da ist Gott. Da wirkt er.
Dort kommt sein Reich, wo Menschen in Ehrfurcht mit der Welt, den Pflanzen und Tieren umgehen, wo sie versuchen, in Frieden miteinander zu leben, einander zu verstehen und zu helfen. Überall da kommt sein Reich.
Da ist Gott: wo man aussät; wo etwas wächst; wo Knospen aufspringen; wo alles zu blühen anfängt; wo das Leben Frucht bringt. Da ist Gott. Da kommt sein Reich. Da fängt der Himmel an. Da könnt ihr glücklich und fröhlich sein.

Fürbittgebet

Für uns und alle, die auf der Suche nach Glück, nach dem Himmel sind, daß wir erkennen, wo der Himmel wirklich anfängt; daß wir alles tun, damit der Himmel, damit Gottes Reich in dieser Welt wächst.

Meditation

Diesmal sollen Sie selbst eine kleine Liedmelodie erfinden. Kinder machen das sehr gerne und gut. Einmal nur muß ein Anfang gemacht werden! – Wir geben Ihnen dazu den Text an und evtl. mögliche Zwischentexte zum Nachdenken.

Kehrvers: Im Kleinen liegt verborgen
oft eine große Kraft.
Durch Kleines, winzig Kleines
wird Großes erst geschafft.

Strophen:

1. Oft ist am Anfang einer,
der fängt zu glauben an,
entzündet viele and're
mit seinem Glauben dann.
2. Oft ist am Anfang einer,
der fängt zu lieben an,
entzündet viele and're
mit seiner Liebe dann.
3. Oft ist am Anfang einer,
der fängt zu hoffen an,
entzündet viele and're
mit seiner Hoffnung dann.
4. Das Glauben, Lieben, Hoffen,
es fängt im Kleinen an.
Laßt uns damit beginnen,
so ist Gott bei uns dann.

Zwischentexte zu den Strophen 1–3:

1. Er glaubt, daß nicht alles zu spät ist bei den jungen Leuten, und fängt an, sich mit ihnen zu unterhalten, ernsthaft auseinanderzusetzen.
Er glaubt, daß ältere Menschen nicht nur starrköpfig und altmodisch sind, und fragt sie nach ihren Erfahrungen.
2. So liebt er, wo andere hassen. Er teilt, wo andere raffen. Er schenkt, wo andere für sich behalten. Er tröstet, wo andere traurig sind.
3. Er hofft, daß das Licht stärker ist als die Finsternis, daß das Vertrauen stärker ist als das Mißtrauen, daß die Liebe stärker ist als der Haß, daß das Leben stärker ist als der Tod, daß Gottes Macht größer ist als die Macht des Bösen.

Schlußgebet

P: Gott, unser Vater! Wir beten: Zu uns komme *dein* Reich. Überall, wo Menschen anfangen, zu vertrauen, zu lieben, zu hoffen, da fängt dein Reich an, da wird deine Kraft sichtbar. Laß in jedem von uns Glaube, Liebe und Hoffnung wachsen. Laß sie in uns wachsen wie das Senfkorn, der du lebst und regierst von Ewigkeit zu Ewigkeit. Amen.

Schlußlied: Erd und Himmel

T. u. Kanonfassung (nach einem schwedischen Volkslied): Paul Ernst Ruppel 1959.

© Verlag Singende Gemeinde, Wuppertal

Kostbares ent-decken (Der Schatz im Acker)

Zielvorstellung

Das dargestellte Gleichnis Jesu möchte in den Kindern Sinn für das Reich Gottes wecken, das im eigenen und fremden Leben wie in der Welt verborgen ist.

Vorüberlegung

Zu ent-decken gibt es für unsere Kinder vieles in dieser Welt. Und das ist gut so. Zu ent-decken gibt es auch an anderen Menschen so manches – Schönes und Kritik-würdiges. Zu ent-decken gibt es auch an sich selber so manches, was man noch nicht einordnen kann: Da ist der eigene Körper, das eigene oder andere Geschlecht, die eigenen Vorlieben und Ängste und manches mehr.

Für unsere Kinder und uns ist all das ein Stück von dem, was uns kostbar ist. All unsere Ent-deckungen, Wünsche, Sehnsüchte lassen sich in einem Bild zusammenfassen: Glück – Himmel. Wissen wir, wo der Himmel, für uns und unsere Kinder, wirklich zu finden ist?

Vorbereitung

Eine Gruppe von 10–15 Kindern bereitet den Gottesdienst vor. Wir benötigen: braune, kupferfarbene, schwarze Rhythmiktücher, ein Kissen, auf dem ein kostbares Schatzkästchen getragen werden kann, meditative Musik, zu der ein Tanz eingeübt wird, und Instrumente: SG BX Flö.

Eröffnungslied: Weißt du, wo der Himmel ist

T.: Wilhelm Willms, M.: Ludger Edelkötter.
© impulse-musikverlag, 4406 Drensteinfurt, erschienen auf der gleichnamigen LP

2. Weißt du, wo der Himmel ist?
Nicht so tief verborgen,
einen Sprung aus dir heraus
aus dem Haus der Sorgen,
aus dem Haus der Sorgen.

3. Weißt du, wo der Himmel ist?
Nicht so hoch da oben.
Sag doch ja zu dir und mir,
du bist aufgehoben,
du bist aufgehoben.

Themenverweis

P verweist nach der Begrüßung der Gemeinde auf das Wort „Himmel“. Der „Himmel auf Erden“, was will das besagen? „Himmel“ ist ein Wort für Unbegrenztheit, Fülle, Unendlichkeit, für Licht, Leben, Liebe, Freiheit, für Glück ohne Ende, für die Herrschaft Gottes. Das verkündet Jesus. Es ist das Wichtigste, von dem er spricht. Das Glück des Menschen liegt ihm offenbar am Herzen. Wenn Jesus vom „Himmel-reich“ spricht, dann tut er es nur in

Bildern. Was groß und endlos ist wie der Himmel, wie Gott, ist unsagbar. Davon kann man nur in Bildern sprechen, und die versteht dann auch jeder. Wir wollen hören, wie Jesus vom „Himmel-reich" erzählt.

Besinnung

P leitet zur Besinnung etwa mit folgenden Worten an:
Herr, unser Gott! Unser Herz sucht den Himmel. Wir alle suchen das Glück an allen Orten und zu jeder Zeit. Wir meinen es zu finden, wenn es uns gutgeht, wenn wir viel Geld haben, wenn wir gesund sind . . . Aber ist das dann schon der Himmel? Gibt es nicht noch anderes, um glücklich zu werden?

Gebet

P: Gott, unser Vater! Wir wollen jetzt etwas vom Himmel-reich erfahren. Wenn das Himmelreich eine riesige Kugel wäre, so könnte unsere Geschichte vielleicht ein Licht sein, das die Kugel bestrahlt und doch nur einen kleinen Ausschnitt davon erhellt. Vieles bliebe trotzdem im Dunkeln. Lenke unseren Blick auf diese kleine, helle Stelle, daß wir mehr erfahren von dir und deinem Reich durch Jesus Christus, deinen Sohn, der . . .

Katechese

A. KOSTBARES IST VERBORGEN

Auf dem Altar liegt ein in einem Berg von dunklen Tüchern (braun, kupferfarben, schwarz) verborgenes Schatzkästlein.
KL fragt die Kinder nach ihren Eindrücken:
Was kann das sein, das da vor uns auf dem Altar liegt? Was ist wohl darunter verborgen? Was ist darin?
Jeweils ein Kind deckt ein Tuch vom Tücherberg ab und reiht es an die bereits liegenden Tücher. Das letzte Tuch wird sorgfältig abgedeckt. Das Schatzkästlein wird sichtbar.

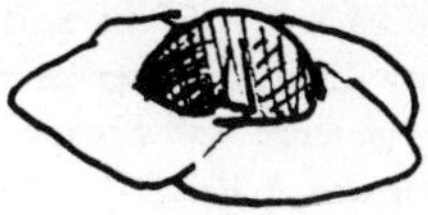

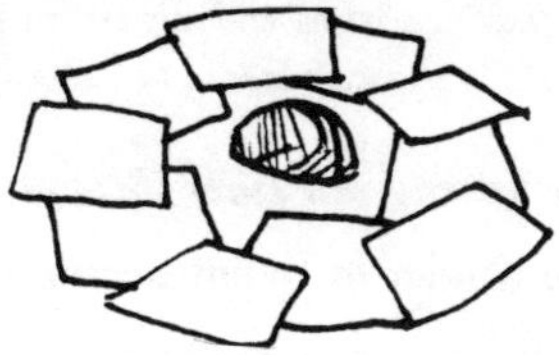

BX Tonfolge von oben nach unten.

Ein Kind trägt das Schatzkästlein zum Flötenspiel auf einem kostbaren Kissen um den Altar oder durch das Kirchenschiff. Dann wird es wieder auf den Altar gestellt.

Flö

Der KL regt die Kinder an, das Schatzkästlein sprechen zu lassen. So kann das Kästlein sagen:
Ich bin schön.
Ich bin kostbar.
Ich bin verschlossen.
Ich bin verborgen . . .

Zwischen jeder Aussage der Kinder spielt das Glockenspiel.
KL führt die Kinder zu einer Imaginationsübung:
Wir lassen die Augen zufallen. Kannst du dich noch an das Kästchen erinnern? Stell dir vor, wie es aussieht! Versuche es in Gedanken zu öffnen. Was ist darin verborgen? Was kannst du sehen? Was findest du darin?

Die Kinder öffnen ihre Augen wieder und äußern, was sie gesehen haben: Gold, Perlen, Schlüssel . . .

B. DIE FROHE BOTSCHAFT

P oder KL führt ein:

Einmal kamen Menschen zu Jesus. Sie fragten: Was ist das Himmelreich?
Jesus erzählte ihnen eine Geschichte:
Das Himmelreich ist wie ein Schatz, der in einem Acker verborgen ist. Ein Mensch entdeckt den Schatz. Er erzählt aber niemandem davon, was er gefunden hat. Er hält seine Entdeckung noch geheim. Voll Freude geht er hin, verkauft alles, was er besitzt. Vom Erlös aber kauft er den Acker.
Und Jesus erzählt weiter:
Mit dem Himmelreich ist es wie mit einem Kaufmann, der schöne Perlen sucht. Als er eine kostbare Perle findet, verkauft er alles, was er besitzt, und kauft diese Perle.

Mögliche Gestaltung mit einer Gruppe von Kindern:

KL führt die Kinder in einem Bewegungsspiel zu meditativer Musik:

- Die Kinder halten sich an den Händen wie eine Krone. Sie gehen im Kreis.
- Die Kinder gehen gemeinsam zur Mitte, verbeugen sich, gehen wieder zurück.
- Die Kinder öffnen ihre Hände zu einer Schale. Sie heben die Hände einer Schale gleich in die Höhe. Sie drehen sich in dieser Haltung und tragen imaginär etwas Schönes, Kostbares.

Für die ganze Gemeinde soll ein Lied die Frohe Botschaft vertiefen:

Die Perle

T.: H. Neubauer, M.: Klaus Gräske

2. Er kaufte den Acker,
mit ihm den Schatz,
die Perle gehörte nun ihm.

So wurde er arm
und doch auch reich;
die Perle brachte ihm Sinn.

Fürbittgebet

Für alle, die um des Himmel-reiches willen Bequemlichkeiten aufgeben und Strapazen auf sich nehmen. – Für alle, die leiden, weil sie die Wahrheit mehr lieben als das Unrecht. – Für alle, die vertrauen, lieben und hoffen und dabei Ent-täuschung erfahren.

Meditation

Zur Vertiefung kann das Lied von der Perle gesungen werden.

Schlußgebet

P: Herr Jesus Christus! Wenn Menschen sich lieben, dann nennen sie sich „Schatz". Sie wollen sagen: Wir sind kostbar füreinander. Du bist auch für uns wie ein Schatz – kostbar. Denn du hast uns ein Stück Himmel gezeigt. Du hast uns auf den Geschmack gebracht, danach zu suchen in unserem Leben und in der Welt. Du bist wie eine Perle – und der Himmel mit dir. Danke, daß es dich gibt heute und in Ewigkeit. Amen.

Schlußlied: Ich singe dir mit Herz und Mund (S. 22)

Klug sein (Die Klugen und die Törichten)

Zielvorstellung

Das Spiel des Gleichnisses Jesu von den Klugen und Törichten soll die Kinder anregen, ihre individuellen Begabungen im Leben für das Kommen Gottes in dieser Welt zu entfalten.

Vorüberlegung

Es geht um ein Fest. Das Fest heißt Leben. Doch manche verbringen die Zeit mit nebensächlichen Vorbereitungen. Was ist für das Fest des Lebens wichtig?
Wach zu sein! Zu schauen, zu hören, zu fühlen, zu kosten, zu handeln – zu leben mit offenen Augen, einem klaren Verstand, der Fähigkeit, zu unterscheiden und sich zu entscheiden für das, was zu tun not-wendig ist. Dann wird das Fest ein Fest für jeden und für alle zusammen. Treffen wir mit unseren Kindern neben-sächliche oder haupt-sächliche Vorbereitungen zum Fest des Lebens?

Vorbereitung

Eine Gruppe von 10–20 Kindern bereitet den Gottesdienst vor. Sechs bis acht Kinder fassen sich im Kreis an den Händen oder halten gelbe und orangefarbene Rhythmiktücher und stellen so ein festliches Haus dar. Andere Kinder in den Bänken (etwa zehn) halten je eine gelbe oder rote Opferkerze. Weiter sind notwendig Kinder, die einen Reigen einüben, und Instrumente: ⊥ ⫞⊦ ⊘ ⊟ ⊡-⊡ ۞ // ⚠ SG BX.

Eröffnungslied: Zeige, Herr, uns dein Erbarmen

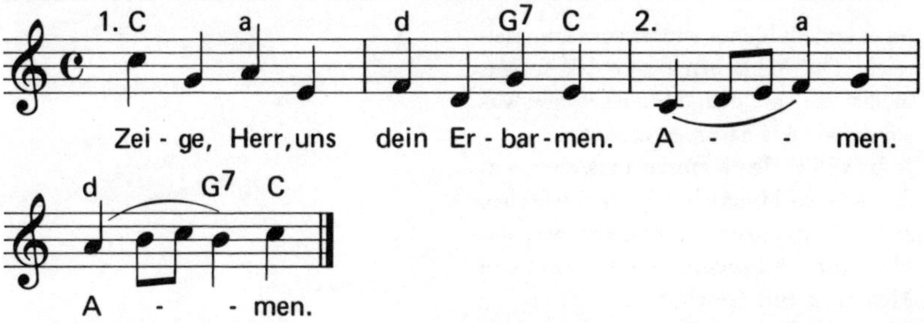

Themenverweis

Nach der Begrüßung der Gemeinde verweist P auf das Märchen von Frau Holle. Zwei wichtige Gestalten kommen da vor: Goldmarie und Pechmarie. Von ihnen erfahren wir etwas Wichtiges für unser Leben: Wenn du tust, was not-wendig ist, wirst du reich, reif, ansehnlich – gehst durch das goldene Tor und heißt Goldmarie (bist klug). Wenn du nicht tust, was gerade not-wendig ist, dann bleibst du arm, hast eben Pech gehabt – gehst durch das Pech-tor und heißt Pechmarie (bist töricht). Beide gibt es auch in uns: ein Stück Goldmarie, die klug ist, und ein Stück Pechmarie, die faul sein möchte.

Besinnung

P: Denke in einer kurzen Stille über beide Seiten in dir ein wenig nach. (Leise Musik kann die Besinnung untermalen.)

Loblied/Kanon (Melodie wie oben: Zeige, Herr . . .)

2. Herr, wir preisen deinen Namen! Amen. Amen.

Gebet

P: Gott, unser Vater! Wir alle möchten froh und glücklich werden. Da gibt es aber auch in uns den Müden und Trägen. Laß uns erkennen, daß Glück, daß dein Himmel, etwas mit Wachsein zu tun hat. Öffne unsere Augen, unsere Ohren, unseren Mund, unsere Hände, unser Herz, uns selbst ganz und gar für dich und deine Frohe Botschaft, durch Jesus Christus, deinen Sohn, der . . .

Katechese

Das Gleichnis von den klugen und törichten Jungfrauen als Spiel

TEXT	SPIELANLEITUNG	MUSIK
Jesus erzählt immer wieder vom Himmelreich. Die Menschen fragen Jesus: Was meinst du mit dem Himmelreich? Was sollen wir uns darunter vorstellen? Jesus will es den Menschen erklären, was das ist – das Himmelreich. Die Menschen sollen sich vorstellen können, was das Himmelreich bedeutet. Jesus erzählt den Menschen eine Geschichte.		
In dieser Geschichte gibt es eine Tür – ein *Tor.*	Zwei Kinder bilden mit ihren Händen bzw. mit einem gelben Rhythmiktuch ein Tor.	
Dieses Tor führt hinein in ein *Haus.*	Weitere Kinder treten zum „Tor“ und schließen mit ihren Händen oder gleichfalls mit gelben, orangefarbenen Rhythmiktüchern den Kreis. Sie bilden das Haus, in das das Tor führt.	
Das Haus ist geschmückt. Mit gelben Fahnen ist es geschmückt (Rhythmiktücher).	Gleichmäßiges Schlagen auf Tamburin bzw. Ostinatobegleitung auf dem Xylophon.	 BX ostin.
In diesem Haus soll ein Fest gefeiert werden, ein Fest, bei dem man ganz glücklich ist, ein Fest der Freude – ein Fest der Liebe – das schönste Fest, das Menschen kennen, ein *Hochzeitsfest.* Wer darf durch das Tor, hinein in das Haus, hinein zum Fest, wo Friede ist – Freude – Glück – Liebe? Wer kommt in das Himmelreich?		SG 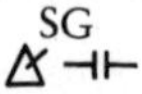

Jesus erzählt:
Da sind Menschen. Sie warten auf ein Fest. Sie warten auf ihre Hochzeit. Sie erwarten den Bräutigam. Alle haben sie Lampen. Alle haben sie Lichter. Doch die Menschen unterscheiden sich voneinander.

Spieler treten aus dem Stuhlkreis vor das „Haus". Sie tragen alle Kerzen (Achtstundenbrenner) in den Händen und heben sie demonstrativ in die Höhe.

Die einen hören es, wenn man sie um Hilfe ruft. Sie sehen, wo sie gebraucht werden. Sie sind bereit zu tun, was es zu tun gibt:
- Mutlose aufrichten,
- Traurige trösten,
- Menschen in Not eine Freude bereiten,
- helfen.

Die eine Hälfte der Spieler tritt vor. SG
Sie helfen anderen Spielern auf, die am Boden kauern. Sie tragen behutsam ihr Licht.

Ihre Lampen brennen. Sie sind für andere ein Licht. Sie sorgen, daß ihr Licht nicht verlöscht.
Der hl. Nikolaus gehört zu diesen Menschen, der hl. Martin, die hl. Elisabeth, viele Menschen von heute, alle, die anderen Gutes tun.
Jesus nennt diese Menschen klug. Es sind die *Klugen*.

Es gibt auch andere. Sie überhören es, wenn man sie anruft. Sie übersehen es, wenn man sie braucht. Sie lassen sein, was es zu tun gibt. Sie tun nicht, was man tun

Die andere Hälfte der Spieler tritt hervor. Sie gehen an den am Boden kauernden Spielern achtlos vorbei. BX oder ⊘

muß. Sie lassen die Mutlosen mutlos, die Traurigen traurig, die, die Hilfe brauchen, allein.
Ihre Lampen verlöschen. Sie kümmern sich nicht um ihr Licht.
Jesus nennt diese Menschen töricht. Es sind die *Törichten.*

Sie tragen ihre Lichter unachtsam, lassen sie verlöschen.

In unserer Geschichte heißt es weiter:
Der Bräutigam bleibt lange aus. Die Menschen werden müde. Sie nicken ein – sie schlafen ein.
Mitten in der Nacht aber erklingt ein Ruf: Steht auf! Wacht auf! Seid bereit! Zeigt euer Licht! Der Bräutigam kommt! Das Fest beginnt. Das Hochzeitsfest fängt an.

Alle Spieler setzen sich zu Boden, Geste des Schlafens, Instrumente verstummen, Stille.

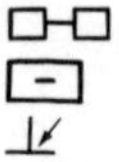

Da wachen sie auf. Da stehen sie alle auf. Die Klugen haben ihr Licht bewahrt. Sie tragen ihr Licht.
Der Bräutigam sagt: Kommt mit in das Haus! Ein Mahl ist bereitet, das Hochzeitsmahl. Feiert das Hochzeitsfest mit!

Alle Spieler stehen auf.
Die „Klugen“ ziehen mit dem Sprecher ins Haus ein, stellen ihre Lichter ab. Die Tür wird geschlossen.

Die Törichten aber haben kein Licht. Ihr Licht ist erloschen.
Das Öl der Klugen reicht für sie nicht. Die Tür wird geschlossen. Sie haben nicht teil am Hochzeitsfest. Sie stehen draußen im Dunkeln.

Die „Törichten“ sind ratlos.

Sie bleiben vor der geschlossenen Tür.

Verdichtung der Erzählung in einem Lied

T. u. M.: F. Kett

2. Wer ist nicht dabei,
feiert nicht das Fest,
das große Hochzeitsfest?
Wer darf nicht durch's Tor?

Wer es ganz vergißt,
wer es unterläßt,
wer nicht ist bereit zu
dem, was es zu tun gibt.

Sprechvers:
Licht behüten,
Liebe schenken,
helfen – trösten – Mut machen,
für andere ein Licht sein,
klug sind sie.

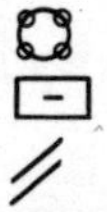

So gab uns Jesus ein Bild vom Himmelreich.
Am Ende seiner Erzählung sagt er: Wachet also, denn ihr kennt weder den Tag noch die Stunde.
Im Hause aber ist das große Fest. Das Himmelreich gleicht einem *Hochzeitsfest*.

Kinder tanzen entsprechenden Reigen.

Fürbittgebet

Für alle, die aus Enttäuschung müde geworden sind für das Fest des Lebens. – Für alle, die wir abschieben und nicht teilnehmen lassen wollen am Fest des Lebens. – Für uns und alle, daß wir die Einladung zum Fest annehmen und weitergeben, daß wir das Fest miteinander vorbereiten und feiern.

Meditation

Als Ausdruck der Freude kann der Agnus Real getanzt werden (Fidula).
Oder Kanon (Melodie wie oben: Zeige, Herr . . .):
3. Alleluja, alleluja! Amen. Amen.

Schlußgebet

P: Herr Jesus Christus! Du nennst das Himmelreich ein Hochzeitsfest. Es ist das Fest, an dem sich Menschen miteinander verbinden und fröhlich sind. Es ist das Fest des Lebens. Wir möchten teilnehmen an diesem Fest. Wir möchten klug sein und bereit. Laß uns den Ruf, das Not-wendige zu tun, nicht überhören, die Zeichen der Zeit nicht übersehen, damit wir mit dir zusammen teilnehmen am Fest der Freude und Verbundenheit heute und in Ewigkeit. Amen.

Schlußlied/Kanon (Melodie wie oben: Zeige, Herr . . .)

4. Send uns, Herr, in deinem Namen! Amen. Amen.

Eingeladen werden (Himmlisches Gastmahl)

Zielvorstellung

Aus diesem Gleichnis Jesu kann den Kindern deutlich werden, was es heißt, von Gott eingeladen zu sein: teil-nehmen am Leben.

Vorüberlegung

Es geht um ein Fest-mahl. Eingeladen sind alle. Aber erkennen auch alle den Wert dieser Einladung?
Schon hier und jetzt sind wir alle eingeladen, zu kosten und miteinander zu feiern. Jesus selbst verabscheute den Lebensgenuß nie. Er nahm teil mit seinem Leben am Leben der andern, an den Freuden und an den Leiden. Wichtig war ihm, gemeinsam zu essen von dem einen Brot und zu trinken aus einem Becher. So macht er etwas sichtbar, wozu wir alle und unsere Kinder eingeladen sind: das himmlische Gastmahl.

Vorbereitung

Eine Gruppe von etwa zehn Kindern bereitet vor. Wir benötigen: einen Altartisch, ein Altartuch, Kerzen, Blumen, einen Laib Brot, einen Krug mit

Wein. Brot und Wein werden von einer Mutter und einem Vater auf den Altar gestellt. Zum Spiel werden alle Kinder aus den Bänken geladen. Einige Kinder sollten sich vorher kurze Texte zu den Fürbitten anschauen. Instrumente: ⊘ AG AX Flöte.

Eröffnungslied: Singt dem Herren

T. u. M.: Michael Praetorius

Themenverweis

P begrüßt Kinder, Eltern, Bekannte und Verwandte. Er verweist auf die Notwendigkeit, daß Menschen essen und trinken, sonst können sie nicht leben. Das gemeinsame Essen bedeutet aber noch mehr: Man zeigt, daß man zusammengehört, an einen Tisch. Man teilt Brot und Wein, das ganze Leben miteinander. Wenn die Menschen ein Fest feiern, dann gehört das Essen dazu. Himmel ist wie ein großes Festmahl. Davon erzählt der Gottesdienst.

Besinnung

P leitet Gedanken zur Besinnung ein:
Was aber, wenn wir Wichtigeres zu tun haben? Was bedeutet es überhaupt für uns, gemeinsam zu essen? In der Familie? Unter Freunden oder Bekannten? Was bedeutet es für uns, miteinander zu teilen: Brot und Wein, Zeit und Kraft, Freude und Leid ...? Wir wollen nachdenken.

Loblied

Gebet

P: Gott, unser Vater! Jesus Christus sagt, daß der Himmel, das Glück, für alle Menschen und alle Welt wie ein großes Gastmahl sei. Zeige uns jetzt, in diesem Gottesdienst, was Jesus damit meint, dein Sohn, der ...

Katechese

A. WIR RICHTEN ZUM MAHL

TEXT	SPIELANLEITUNG	MUSIK
KL führt die Kinder ein:		
Die Geschichte, die wir euch heute erzählen, ist eine Tisch-Geschichte. Man könnte auch sagen: eine Mahl-Geschichte. In dieser Geschichte steht gleichsam ein Tisch im Mittelpunkt.	Kinder bringen einen Tisch. Auch der Altar kann der Tisch sein, der jetzt im Mittelpunkt steht.	
Um den Tisch versammeln sich Menschen, um miteinander zu essen, zu trinken, Mahl zu halten.		Flö Solo
Beim Mahl teilt man das Essen aus. Beim Mahl teilt man aber auch mit: Freuden und Sorgen – ein Stück Leben.		
Der Tisch wird gerichtet. Er wird geschmückt mit einem Tischtuch. Er wird geschmückt mit Blumen. Es soll ein festliches Mahl gehalten werden – ein Festmahl, bei dem man Zeit	Kinder bringen ein Tischtuch oder das Altartuch. Sie bedecken damit Tisch oder Altar. Dann schmücken sie den Tisch oder Altar mit Blumen.	

hat füreinander, wo man sich freut aneinander.

Eine Frau:

Brot kommt auf den Tisch. Rund ist das Brot. Es ist ein Ganzes. Beim Mahl wird es geteilt.
Doch wer davon ein Stück ißt, der bleibt verbunden mit einem anderen, der ein anderes Stück ißt. Die vielen Stücke des einen Brotes ver-binden alle, die davon essen. Sie binden alle zusammen zu einem Kreis – so rund wie das Brot – zu einer Runde, einer Gemeinschaft. Und wer vom Brot ißt, bekommt Kraft zum Leben.

Eine Mutter bringt ein Brot und legt es auf Altar oder Tisch. AX

Wer Brot hat

T. u. M.: F. Kett

Ein Mann:

Wein kommt auf den Tisch. Viele Trauben wurden dafür gepreßt. Im Wein steckt die Kraft der Erde. Im Wein ist Sonnenschein. Ein Schluck Wein kann stärken. Er kann Lebenskraft schenken und Freude schaffen.

Ein Vater bringt einen Krug mit Wein und stellt ihn auf den Tisch oder Altar. AG

Kanon (Melodie wie oben: Wer Brot hat)
Im Wein ist Kraft und Sonnenschein.
Wer Wein trinkt, der kann fröhlich sein.

KL:

In unserer Geschichte geht es auch um Fragen. Die Fragen sind uralt. Es gibt sie schon, seit Menschen auf der Erde sind. Menschen fragen sich: Warum kann es nicht immer so sein wie bei einem Fest? Wie kann ich spüren, daß ich als Mensch voller Leben bin? Wie kann ich glücklich sein? Wie kann ich maßlos glücklich werden? Wann haben Leid, Not und Tod ein Ende? Wann werde ich endlich ganz froh und glücklich sein? Wann werde ich dort sein, wo die Menschen sagen, es sei der Himmel? Wie fängt er an, dieser Himmel? Wo fängt er an? Wie komme ich dort hin?

Evtl. Kanon (T.: W. Willms / M.: P. Janssens, aus: „Ave Eva" 1974):
Der Himmel geht über allen auf,
auf alle über, über allen auf.

B. DIE FROHE BOTSCHAFT

KL oder P führt ein:
Auf all die Fragen, die wir jetzt gestellt haben, gibt es eine Antwort. Jesus gibt sie uns. Er erzählt eine Geschichte vom Tisch, von Brot und Wein, vom Mahl und von den Gästen, die zu diesem Mahl geladen sind. Es sind sehr eigenartige Gäste. Wir werden es sehen.
Jesus erzählt:
Da lud ein Mann zu einem großen Gastmahl. Er wollte, so können wir uns vorstellen, teilen, was er hatte:
gutes Essen, Brot und Wein.
Er wollte den geladenen Gästen mit-teilen von seinem Leben. Er war nicht geizig. „Weil ich glücklich und fröhlich bin", dachte er, „so sollen es auch die andern sein. Alle sollen mit mir ein Fest feiern."
So lud er seine Gäste ein. Wen hat er da wohl eingeladen?
Menschen, die ihm nahestehen, vielleicht seine Verwandtschaft – die Freunde, die Nachbarn. Vielleicht hat er Leute eingeladen, mit denen er auf der Schule war, die im selben Dorf wohnten, die von derselben Rasse waren oder – die die gleiche Religion hatten.
Der Mann schickte seine Diener aus, um alle einzuladen. Doch da geschah AX
etwas sehr Seltsames! pent.
Jeder der Eingeladenen tat so, als hätte er keine Zeit. Keiner wollte kommen. Jeder hatte eine Entschuldigung:
Ich habe mir ein neues Grundstück gekauft, sagte der eine, und muß es besichtigen.
Ich habe mir ein neues Haus gekauft, meinte der zweite, und ich muß gehen, um es mir anzusehen.
Ich habe geheiratet und mache jetzt eine Hochzeitsreise, wußte ein dritter.
Die Leute hatten viele Gründe, so wie manchmal die Leute von heute:
Vielleicht würde heute einer sagen: Ich habe mir ein neues Auto gekauft und möchte eine Probefahrt machen. Oder ein anderer: Mein Fußballverein hat heute ein Spiel. Das muß ich mir unbedingt ansehen. Oder: Ich wollte heute eigentlich einen Stadtbummel machen und mir dabei ein neues Kleid kaufen ...
Jeder hatte eine Aus-rede. Jeder zog andere Dinge dem Fest und der Einladung vor. Das Fest sollte aber doch gefeiert werden. Und so befahl der Mann seinen Dienern:

„Wenn meine Gäste, die ich geladen habe, nicht kommen wollen, dann geht auf die Straßen und Gassen der Stadt und holt zum Mahl die Armen, die Behinderten, die Blinden und Gelähmten, die nicht hören können oder sprechen. Holt alle aus den Straßen und Gassen der Stadt." Flö Solo

Die Diener gingen und sagten: „Herr, was du befohlen hast, ist geschehen. Aber es ist immer noch Platz da." Da sprach der Herr zu seinen Dienern:

„Dann geht hinaus auf die Landstraßen und an die Zäune und sagt, alle sollen kommen, damit mein Haus voll werde und das Fest beginnen kann." Flö Solo

Kinder aus den Bänken werden zum gedeckten Tisch geholt.

Und dann sagte der Herr noch:

„Wahrlich, ich sage euch, keiner von denen, die zuerst geladen waren, wird vom Mahl kosten noch werden sie das Fest mitfeiern!"

– Stille –

P:

Könnt ihr euch noch an die Fragen er-innern, die wir am Anfang gestellt haben? Warum kann es nicht immer so sein wie bei diesem Fest? Wie kann ich glücklich werden? Wann haben Leid, Not und Tod ein Ende? Wann ist der Himmel da? Wie komme ich dorthin?

So haben wir gefragt. Die Geschichte kann uns helfen, eine Antwort zu finden. Denken wir einmal nach:

K1: Arme gibt es auch heute noch. Arm sind auch wir:
Wenn wir keine Zeit haben oder kein gutes Wort füreinander, wenn Traurigkeit uns überfällt und uns die Freude wegnimmt . . .,
dann sind wir arm.

K2: Gelähmte gibt es auch heute noch. Gelähmt sind auch wir:
Wenn wir keinen Erfolg haben, wenn wir Angst haben . . .,
dann sind wir gelähmt.

K3: Blinde gibt es auch heute noch. Blind sind auch wir:
Wenn wir manchmal nicht mehr weiterwissen, aus Not, aus Verzweiflung, wenn uns der Durch-blick fehlt . . .,
dann sind wir blind.

K4: Taube gibt es auch heute noch. Taub sind auch wir:
Wenn wir nicht hören wollen, wie Menschen heute mit der Natur umgehen, wenn wir den Schrei der Not von Kindern und Alten über-hören . . .,
dann sind wir taub.

K5: Stumme gibt es auch heute noch. Stumm sind auch wir:
Wenn wir einmal etwas sagen sollten gegen manches Unrecht in Kindergarten, Schule oder auf dem Arbeitsplatz und keinen Mut dazu haben . . .,
dann sind wir stumm.

K6: Menschen an den Zäunen gibt es auch heute noch. An den Zäunen sind auch wir:
Wenn wir fühlen, daß unsere Mitmenschen uns nicht mögen; wenn wir uns abgeschoben fühlen wie manche Alte, Kranke, Sonderlinge oder Einsame . . .,
dann sind wir an den Zäunen.

P:

Gott sei Dank gibt es auch Menschen, die so sind wie der Herr; die einladen zum Fest.

K7: Menschen, die einladen und teilen, was sie haben, gibt es auch heute noch: Kinder, die andere einladen zum Geburtstag, zum Mitspielen, zum Mitessen oder Mitfeiern . . . Vielleicht sind es auch wir.

K8: Menschen, die einladen und teilen, was sie haben, gibt es auch heute noch: Mutter, Vater, gute Menschen, die anderen ein Zuhause schaffen, die den Tisch decken und sich Zeit nehmen, uns anzuhören oder mit uns zu spielen.

K9: Menschen, die einladen und teilen, was sie haben, gibt es auch heute noch: Vielleicht kennst du Mutter Teresa von Kalkutta. Sie geht mit ihren Schwestern auf die Straßen und in die Gassen der großen Stadt und holt die fast Verhungerten, die Verlassenen, die Einsamen und Sterbenden in ihr Haus und teilt mit ihnen Brot und Wein, alles, was sie hat.

P:

Wißt ihr, daß überall, wo wir teilen, mit-teilen, das Fest beginnt? Das Fest des Lebens. Das Gastmahl. Das Glück. Der Himmel. Das Reich Gottes. Es beginnt mitten unter uns. Wir teilen das Brot. Wir ver-teilen es. Wir essen gemeinsam das Brot. Im Brot teilt sich uns das Leben mit. Im Brot teilt sich uns Jesus mit. Er schenkt sich uns. Er will, daß unser Leben ein Fest wird. Er will uns be-freien zum Leben. So will es Gott. Wenn wir es tun, wie er es tut, dann wird unser Leben ein Fest: jetzt schon, mitten unter uns.

Die Katechese schließt mit dem Lied:
„Unser Leben sei ein Fest.
Jesu Geist in unserer Mitte . . .“

oder mit dem Kanon:
„Der Himmel geht über allen auf . . .“

Fürbittgebet

Für alle Armen, aber auch für alle, die arm sind, weil sie keine Zeit haben oder kein gutes Wort füreinander, wenn Traurigkeit sie überfällt. – Für alle Gelähmten, aber auch für alle, die gelähmt sind, weil sie keinen Erfolg haben oder von Angst gequält sind. – (usw., ausgewählt nach den Texten K1 bis K9 in der Katechese.)

Meditation

Flöten spielen zunächst einstimmig und dann als Kanon. Die Gemeinde singt nach:

Herr, unser Herrscher

T.: Psalm 8, M.: Gerd Watkinson
© Voggenreiter Verlag, Bad Godesberg

Schlußgebet

P: Gott, unser Vater! Alle Menschen sind zum großen Fest des Lebens eingeladen. Du willst, daß alle glücklich werden. Du teilst mit uns Menschen alles, was du hast, dein ganzes Leben. Dein Liebstes, deinen Sohn Jesus Christus, hast du in die Welt gesandt. Er ist der, der uns deine Einladung bringt. Laß uns darauf so antworten, daß es ein Fest der Freude wird für dich, für uns und alle Menschen heute und in alle Ewigkeit. Amen.

Schlußlied: Ausgang und Eingang

Kanon für 4 Stimmen: Jochen Schwarz 1962
© Burckhardthaus-Laetare Verlag, Gelnhausen

In gleicher Ausstattung sind erschienen:

Gott befreit durch Jesus Christus – Teil 2

Kindergottesdienste

Dieser Band greift die Zeichen und Wunder sowie das Leben aus Jesu Tod und Auferstehung auf.

2. Aufl., 136 Seiten, zahlreiche Zeichnungen und Notengrafiken, kartoniert

Franz Kett / Klaus Gräske

Gott birgt das Heil

Kindergottesdienste

Die in diesem Buch dargebotenen, vorwiegend am Alten Testament ausgerichteten Gottesdienst-Modelle greifen die Fähigkeiten der 6- bis 12jährigen Kinder zu bildhaftem Verstehen positiv auf, indem sie sowohl die in der Botschaft als auch die in der Feier unseres Heils verborgenen Bild- und Zeichenelemente bedeutsam werden lassen. Die Modelle lassen sich auch als eigenständige Katechese oder liturgische Feier in den Schulunterricht übernehmen.

184 Seiten, zahlreiche Zeichnungen und Notengrafiken, kartoniert

Bereits in 5. Auflage:

Franz Kett

Kinder erleben Gottesdienst

Liturgische Feiern · Wortgottesdienste · Eucharistiefeiern

Diese thematischen Kindergottesdienste mit Bildbetrachtung, Pantomime, Spiel, Lied und Tanz sprechen die 6- bis 12jährigen in ihrer Ganzheit und in ihrem Erfahrungshorizont an, nicht nur in ihrem kognitiven Vermögen.

5. Auflage, 184 Seiten, zahlreiche Noten und Zeichnungen, kartoniert

Wichtige Hilfen in Gemeinde und Schule:

Ingrid und Martin Wolf

Kinder spielen vor Gott

Neue Wege in Religionsunterricht und Kindergottesdienst

Elf Perikopen der Schrift werden für den darstellenden Vollzug in Gottesdienst und Religionsunterricht aufbereitet. Den erprobten Beispielen geht jeweils eine einführende, vorbereitende Betrachtung voraus. Besondere Beachtung verdienen Kehrverse und Lieder, die alle mit einer Begleitung für Orffsches Instrumentarium und für Gitarre versehen sind.

164 Seiten, zahlreiche Abbildungen, kartoniert

Rudolf Seitz / Heinz Summerer (Hrsg.)

Kann man Gott malen?

Schöpferische Glaubenserfahrung im Kindergarten

Erfahrung – Erleben – Tun erscheinen als die entscheidenden, häufig falsch angewandten Aspekte religiöser Erziehung. Die Erzieherinnen eines Kindergartens in München arbeiten seit Jahren daran, religiöse Erfahrung über schöpferisches Gestalten zu vermitteln. In diesem Buch berichten sie über ihre Erfahrung anhand ausführlicher Modelle zu Advent und Weihnachten, Fasching, Ostern, Sommerfest, Erntedank und St. Martin. Fachleute zeigen ergänzend die Grundlagen einer solchen Erziehung auf und formulieren die didaktischen Ansätze.

3. Auflage, 120 Seiten, zahlreiche, teils farbige Abbildungen, kartoniert

Renate Wunderlich-Bojko

Martin findet seinen Weg

Religiöse Geschichten zum Vorlesen und Erzählen

Geschichten für Kinder von 4–7 aus der Welt der Kinder und der Bibel. Ziel ist eine vorsichtige Einführung in religiöses Verständnis und Leben, damit nicht voraussetzungslos leere Begriffe übernommen werden. Zu jeder Geschichte stichwortartige Gesprächsimpulse für Eltern bzw. Erzieher.

80 Seiten, kartoniert

DON BOSCO VERLAG · MÜNCHEN 80